미디어 바다에서 문해력 건지는 법

유튜브 읽어 주는 선생님

일러두기 ✱

1. 맞춤법과 어휘 설명은 국립국어원 표준국어대사전과 네이버 어학사전을 따랐습니다.
2. 섬네일 문구에서 유행하는 어휘를 사용하기도 했습니다.
3. QR코드에 링크된 영상은 운영자에 의해 삭제될 수도 있으니, 영상이 재생되지 않을 경우 출판사로 연락해 주시면 조치를 취하겠습니다.

유튜브 읽어 주는 선생님

머리말

📶 문해력 저하의 주범은 디지털 미디어다?

유튜브 영상은 굳이 이해하려 애쓰지 않아도 직관적으로 와 닿습니다. 그러니 쉽고 간단한 영상의 맛을 본 아이들은 글의 호흡이 조금만 길어져도 읽기를 어려워합니다. 이러한 까닭으로 부모님들이 자녀의 집중력과 문해력을 염려하며 디지털 미디어 이용을 제한하고 있지요.

저는 학교 현장에서 수많은 학생을 가르치고 학부모와 상담하며 스마트폰과 유튜브 같은 디지털 미디어 이용법에 대해 고민해 왔습니다. 사람들 생각처럼 단순히 디지털 미디어 이용을 줄이는 것만으로 집중력이 높아질까요? 디지털 미디어는 제쳐 두고 책 읽기만 강조한다고 문해력이 향상될까요?

저는 그렇게 생각하지 않습니다. 현대사회의 문해력이란 종이에 인쇄된 활자를 읽는 것에 한정되는 개념이 아니기 때문입니다. 오늘날의 문해력은 활자에 대한 문해력을 포함하여 디지털 미디어에 대한 문해력까지 그 범위가 확장되었기 때문이지요. 이 둘은 상충 관계가 아니라 상호 의존적이고 협력하는 관계로 바라봐야 합니다. 활자 문해력에 더불어 올바른 디지털 미디어 문해력을 갖출 때 아이들의 문식 활동은 더욱 풍부하고 실제적인 의미를 띠게 됩니다.

📶 디지털 미디어를 이용한 문해력이 필요한 까닭

요즘 아이들의 생활 전반은 디지털 기기로 둘러싸여 있습니다. 세상의 거의 모든 지식이 포털 사이트, 유튜브, 블로그 등 다양한 디지털 미디어 환경에 존재하고 공유되고 있지요. 이것이 바로 전통적 문해력과 더불어 디지털 미디어 문해력을 동시에 갖춰야 하는 이유입니다.

　그렇다면 그 많은 디지털 미디어 가운데 왜 하필 '유튜브'일까요? 유튜브는 현재 교육 현장뿐만 아니라 새로운 지식을 익힐 때 가장 많이 그리고 손쉽게 활용하는 디지털 미디어입니다. 또한 유튜브의 생생한 영상은 아이들의 지적 호기심과 흥미를 잘 자극하여 학습에 대한 부담감을 낮추고 학습 동기를 유발하는 데 탁월한 효과를 발휘합니다. 따라서 유튜브를 교육적으로 '잘' 이용한다면 아이들이 접해야 할 지식에 대한 문턱을 낮추는 역할을 할 수 있습니다.

🛜 유튜브 영상으로 재미있게 문해력 공부를!

　《유튜브 읽어 주는 선생님》은 디지털 미디어인 유튜브를 학습에 활용하기 위해 초등교사의 관점에서 과학, 사회, 문화, 환경, 상식 등 초등학생에게 유익한 영상과 글을 폭 넓게 다루었습니다. QR 코드로 제공되는 영상 또한 아이들에게 지식과 흥미 두 마리 토끼를 잡을 수 있는 영상으로 엄선하였습니다. 영상과 글은 상호 텍스트로써 서로의 내용을 이해하는 데 도움을 줄 수 있습니다. 가령 글만 읽고 이해되지 않는 설명은 영상을 통해 직관적으로 이해할 수 있으며, 영상으로 깊이 있는 이해가 어려웠다면 글을 통해 차분하게 내용을 이해하며 관련 어휘와 문해력까지 향상될 수 있도록 집필했습니다.

　초등학생 독자들이 《유튜브 읽어 주는 선생님》과 더불어 문해력과 사고력을 풍부하게 기를 수 있기를 바랍니다.

2024년 10월

김도연

▶️ 유튜브 콘텐츠에 다가가기

여러분은 유튜브에 대해 얼마나 알고 있나요? 많은 시간 동안 유튜브 콘텐츠를 봐 온 만큼 유튜브의 특징을 잘 알고 있다고요? 지금부터 선생님과 유튜브에는 어떤 특징이 있는지, 유튜브 콘텐츠를 어떻게 하면 잘 활용할 수 있는지 알아보아요.

1. 유튜브에는 어떤 특징이 있을까요?

● 인터넷을 통해 사람들에게 정보를 제공하는 매체

고정된 시간표대로 방송을 하는 텔레비전이나 라디오와는 다르게 인터넷에 접속할 수 있는 스마트폰만 있다면 언제 어디서나 내가 원하는 콘텐츠를 찾아볼 수 있어요.

※ 시간 가는 줄 모르고 원래 찾던 콘텐츠가 아닌 다른 콘텐츠를 끊임없이 보게 될 수도 있어요.

● 동영상 중심의 시청각 특징이 강한 매체

매체에는 책과 같은 글 위주의 매체, 라디오와 같은 소리 위주의 매체, 텔레비전이나 유튜브처럼 동영상 중심의 매체가 있어요. 유튜브는 동영상 중심의 매체이기 때문에 내용을 쉽게 이해할 수 있어요.

※ 영상 시청은 수동적인 행위이므로 영상의 사실 여부나 의미를 충분히 가리기 어려워요.

● 다른 사람과 상호작용이 가능한 매체

유튜브에서는 내가 검색했던 기록을 가지고 내가 원할 만한 영상을 추천해 주는 알고리즘이 있어요. 유튜브는 사용자와의 상호작용을 토대로 적합한 영상을 추천해 준답니다. 또한 다른 사람과 상호작용을 할 수 있어요. 콘텐츠를 만든 사람이나 같은 콘텐츠를 본 사람끼리 감상을

나눌 수 있어요.

※ 내 반응이 다른 사람에게 영향을 미칠 수 있기 때문에 신중한 태도가 필요해요.

2. 나는 유튜브를 어떻게 쓰고 있을까요?

● 여러분은 유튜브를 왜 사용하나요?

새로운 지식과 정보를 익히기 위해(학습)	취미·여가 시간을 보내기 위해(비학습)
예) 리코더 부는 방법을 찾아봄.	예) 반려동물 기르는 법을 찾아봄.

● 원하는 주제를 어떻게 검색해야 할까요?

내가 원하는 정보를 손쉽게 얻으려면 '검색어'를 잘 써야 해요. 검색어의 범위를 정확히 하기

위해서는 세부 주제를 구체적으로 쓸수록 정확도가 높아져요.

주제	리코더	햄스터
세부 주제	리코더 호흡 리코더 운지법 리코더 종류	햄스터 먹이 햄스터 습성 햄스터 핸들링

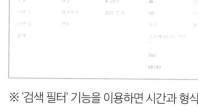

※ 검색어를 잘 정하지 못하겠다면 검색창에 주제어
만 쓰고 자동으로 추천되는 세부 주제 중에 골라
서 검색할 수 있어요.

※ '검색 필터' 기능을 이용하면 시간과 형식, 영상 길
이별로 찾아볼 수 있고 찾아 낸 내용을 순서대로
정렬할 수 있는 기능이 있어요.

▶ 유튜브 콘텐츠 이해하기

유튜브 영상 주변에 있는 글(텍스트)과 사진도 콘텐츠를 이해하는 데 도움을 준답니다. 유튜브 콘텐츠의 사진, 영상, 글은 어떤 역할을 하는지 살펴봐요.

1. **사진(섬네일)** 영상의 내용을 예측할 수 있게 해줘요. 만든이가 자신의 콘텐츠에서 가장 인상적인 장면이나 원하는 그림을 고를 수 있어요.

2. **영상** 유튜브의 핵심 매체예요. 콘텐츠가 사진이나 그림, 촬영 영상 등으로 재생되지요.

3. **글(텍스트)** ● 제목: 영상 내용을 한눈에 파악할 수 있게 나타내요.

　　　　　　 ● 본문: 영상의 보충 설명, 자료 출처 등 주요 내용을 표시해요.

　　　　　　 ● 댓글: 콘텐츠를 본 사람들이 영상에 관한 감상이나 의견을 올려요.

▶ 유튜브 콘텐츠 평가하기

유튜브 콘텐츠는 주제와 관련해 지식이 부족한 초보자부터 전문적인 지식을 가진 전문가까지 누구나 자유롭게 만들 수 있어요. 그러니 콘텐츠 내용이 정확한지 꼭 따져 봐야 해요.

1. 만든 기관이나 사람이 믿을 만한지 따져 봐요.

　유튜브 콘텐츠를 만든 기관이나 사람이 그 분야에 전문성을 가지고 있는지 확인해 봐요.

2. 내용이 사실인지 확인해 봐요.

　영상에 보이는 대로 전부 믿으면 안 돼요. 정교한 기술로 영상을 합성해 진짜처럼 보이게 만들 수 있답니다. 영상 내용을 그대로 믿기보다는 사실인지 확인하며 보아야 해요. 또 영상 중간에 광고도 나오는데 허위 사실이나 과장된 내용은 아닌지 꼼꼼히 따져 가며 봐야 합니다.

3. 최신 자료인지 확인해 봐요.

　콘텐츠 게시 날짜를 살펴보고 되도록 최신 자료를 보는 것이 좋아요. 오래된 자료라면 시간이 지나며 내용이 바뀌었을 수도 있답니다.

▶ 유튜브 콘텐츠 반응하기

유튜브 콘텐츠를 보다 보면 내용이 정말 훌륭해서 창작자를 칭찬해 주고 싶거나 널리 알리고 싶은 영상이 있어요. 반면, 내용이 적절하지 않아 눈살을 찌푸리게 하는 콘텐츠도 있지요. 유튜브 콘텐츠를 보고 난 뒤 어떻게 반응할 수 있을까요?

1. 좋아요(👍) 또는 싫어요(👎) 누르기   ※ 이 책에서도 '좋아요' 또는 '싫어요'를 표시해 주세요.

- 좋아요: 영상 내용이 좋아서 다른 사람에게 추천하고 싶다면 '좋아요'를 눌러요.
- 싫어요: 영상 내용이 적절하지 않거나 폭력 또는 선정적이어서 다른 사람이 보기 원치 않을 때 '싫어요'를 눌러요.

2. 댓글 쓰기 댓글에 질문이나 감상을 쓸 수 있어요.

▶ 유튜브 콘텐츠 이용 돌아보기

유튜브를 얼마나 사용했는지 되돌아 보고 유튜브 활용 일지를 통해 유튜브 사용 계획을 세워요.

- 유튜브에 로그인해서 내 페이지(프로필 사진 선택)를 누르면 기록, 재생 목록, 시청 시간이 나와요.
- 기록: 내가 본 영상들이 떠요.
- 재생 목록: '좋아요'를 표시한 영상 목록과 나중에 볼 영상 등이 있고 재생 목록을 따로 만들 수도 있어요.
- 시청 시간: 일주일동안 얼마나 시청했는지 확인할 수 있어요.

★ 인터넷 서점에서 《유튜브 읽어 주는 선생님》을 검색하면 활용 일지를 다운 받을 수 있어요.

차례

1장

인기 급상승 콘텐츠
과학·기술

화산, 생태계, 우주인 훈련법 등
과학 분야부터 키오스크, 증강 현실
미래 식량 같은 기술 분야까지
과학·기술 콘텐츠로 배경지식을 넓혀 보세요.

하루 만에 사라진 도시!

축제 때 맞이한 멸망

이탈리아 남부 나폴리 인근에 있는 베수비오 화산이 갑자기 폭발했습니다. 고대 도시 폼페이는 왜 하루 만에 사라졌을까요?

오늘의 키워드 #화산 #화산쇄설물류

더 보기

폼페이는 이탈리아 남부에 위치했던 고대 로마의 항구도시입니다. 이 고대 도시는 화산이 폭발한 뒤 1,500년이나 땅속에 파묻혀 있었답니다. 그러다가 1592년 수로 공사를 하던 중 우연히 **유적**이 발견된 이후 유적과 **유물**에 대한 발굴이 꾸준히 진행되어 오늘날에는 도시의 약 70~80퍼센트가 모습을 드러냈습니다.

로마의 자랑이었던 아름다운 도시 폼페이는 서기 79년 8월 24일 단, 하루 만에 사라지고 맙니다. 이날은 폼페이에서 '불의 신'을 기리는 불카누스 축제가 있었다고 하는데요. 즐거운 축제를 즐기고 있던 폼페이인들은 정말 한순간에 날벼락을 맞게 되었습니다.

사실 폼페이에 위치한 베수비오 화산이 아무 예고 없이 갑자기 폭발한 것은 아니에요. 당시 몇몇 학자들은 서기 62년에 커다란 **지진**이 있었기 때문에 베수비오산이 폭발할지도 모른다고 경고했었어요. 하지만 폼페이인들은 화산 폭발의 위험성을 잘 알지 못했답니다. 결국 베수비오산은 크게 폭발했고 폼페이를 집어삼키고 맙니다.

화산이 폭발한 뒤 화산쇄설물류가 순식간에 도시를 덮쳤어요. 무려 18시간 동안이나 뜨거운 화산재와 돌 조각, 가스 등의 화산쇄설물류가 주민과 도시 위로 쏟아진 거예요. 이에 따라 약 2만 여 명의 폼페이 사람이 죽고, 결국 **전성기**였던 도시는 역사 속으로 사라지고 말았답니다. 축제의 날이 최후의 날이 된 것이지요.

 **콘텐츠 정리하기**

1 폼페이에 대한 설명으로 옳은 것은 O, 틀린 것은 X표를 하세요.

1) 폼페이는 이탈리아 남부의 휴양도시였다. ☐

2) 폼페이는 베수비오 화산 폭발 이전에 오랫동안 잠잠했다. ☐

3) 화산재와 돌 조각, 가스 등의 화산쇄설물류가 18시간이나 쏟아졌다. ☐

2 폼페이에 관한 사실을 시간 순서에 따라 써 보세요.

서기 62년	서기 79년	1592년 이후 ~ 오늘날

클릭! 어휘 설명

● **유물(遺物)** 선대 인류가 후대에 남긴 물건.

● **유적(遺跡)** 남아 있는 자취. 건축물이나 싸움터 또는 역사적 사건이 벌어졌던 곳.

● **전성기(全盛期)** 형세나 세력이 한창 왕성한 시기.

● **지진(地震)** 오랫동안 쌓인 변형 에너지가 갑자기 방출되면서 지각이 흔들리는 일.

콘텐츠 확장하기

▶ 폼페이를 소개하는 한 줄 댓글을 써 보세요.

_____

▶ 관련 검색어로 배경지식을 확장해 보세요.

🔍 화산(火山) 🎤 📷

땅속에 있던 마그마 따위가 땅 표면에 있는 틈으로 나와 분출하거나 분출물이 쌓여 산처럼 형성된 지형을 말해요.

🔍 화산쇄설물류(火山碎屑物流) 🎤 📷

화산에서 나온 화산재, 부석, 돌 조각 등을 화산쇄설물이라고 해요. 화산쇄설물과 가스가 더해져 빠르게 흐르는 것을 화산쇄설물류라고 하지요. 줄여서 화쇄류라고 하기도 해요.

관련 동영상

흰개미가 집을 무너뜨린다고?

자연재해보다
무서운 흰개미

비상입니다!
마른나무흰개미와 일본
흰개미 떼가 나타나 우리
문화재를 갉아 먹는다고
합니다!

오늘의 키워드　　#해충 #기후변화

더 보기

　　흰개미는 개미와 생김새가 비슷하고, 온몸이 흰색이라 흰개미라고 불려요. 하지만 개미보다는 바퀴벌레에 가까운 곤충이지요.

　흰개미는 남극을 빼고 지구상 거의 모든 곳에서 살고 있습니다. 크기는 4~15밀리미터 정도이며, 날개가 있는 것이 특징이에요. 흰개미는 죽은 식물이나 대변, 쓰레기를 먹어 분해하는 역할을 해요. 그래서 **생태계** 순환에서 꼭 필요한 역할을 담당하고 있었지요.

　그런데 최근 들어 해충으로 분류되고 있는 마른나무흰개미와 일본흰개미같은 몇몇 **외래종** 때문에 세계 여러 나라에서 큰 피해를 입고 있답니다.

　흰개미는 나무에서 나오는 **섬유질**인 '셀룰로오스'를 통해 영양을 섭취하는데, 집이나 가구 등 모든 나무를 갉아 먹기 때문에 목재 형태를 변하게 할 뿐만 아니라 건물을 무너뜨리기도 해요. 또한 흰개미가 집을 만들 때 나오는 나프탈렌 성분 때문에 사람에게 알레르기 반응을 일으킬 수도 있지요.

　한편 우리나라 역시 강남의 한 주택가에서 외래종인 마른나무흰개미가 발견되었어요. 그래서 환경부와 국립생태원이 긴급 출동하는 소동이 벌어졌지요. 전문가들은 기후변화로 인해 우리나라에 외래종이 많이 유입되고 있다고 설명했어요. 이처럼 우리나라도 마른나무흰개미나 일본흰개미 피해가 점차 늘고 있으므로 이를 막을 대책이 시급하답니다.

 **콘텐츠 정리하기**

1 콘텐츠 내용을 요약한 문장에 O표를 하세요.

- 마른나무흰개미로 인한 피해를 소개하는 내용 ☐

- 마른나무흰개미 멸종을 막자는 내용 ☐

2 흰개미에 대한 설명으로 옳은 것은 O, 틀린 것은 X표를 하세요.

1) 흰개미는 개미가 아닌 바퀴벌레에 가까운 곤충이다. ☐

2) 모든 흰개미는 해충이다. ☐

3) 기후변화로 인해 우리나라도 마른나무흰개미가 늘고 있다. ☐

클릭! 어휘 설명

- **생태계(生態系)** 어느 환경 안에서 사는 생물군과 그 생물을 다루는 요인이 포함되어 합쳐진 체계.

- **섬유질(纖維質)** 섬유로 이루어진 물질.

- **외래종(外來種)** 다른 나라에서 들어온 씨나 품종.

 콘텐츠 확장하기

▶ 마른나무흰개미를 막는 방법을 검색해 써 보세요.

_____

_____

▶ 관련 검색어로 배경지식을 확장해 보세요.

🔍 **해충(害蟲)** 🎤 📷

해충은 인간에게 해를 끼치는 벌레예요. 하지만 지구에는 다양한 종이 살아왔기 때문에 처음부터 해충이었던 것은 아니에요. 인간에게 피해를 주기 때문에 인간 입장에서 해충이라고 부르는 것이지요. 최근 기후변화로 인해 해충이 더 왕성하게 번식하고 있으므로 기후변화에 대한 준비와 대응이 필요해요.

🔍 **기후변화(氣候變化)** 🎤 📷

기후변화는 일정한 지역에서 오랜 기간에 걸쳐 진행된 기상의 변화예요. 그런데 최근 기후변화가 급격해지면서 기후 위기, 기후 비상사태처럼 걱정스러운 표현을 자주 볼 수 있어요. 실제로 지구 온도는 지난 50년 동안 1도가 올랐어요. 하지만 지금이라도 온실가스 배출을 줄이면 기후변화를 늦출 수 있답니다.

관련 동영상

17

우리도 아이언맨이 될 수 있을까?

입는 로봇, 웨어러블 전격 공개!

영화 아이언맨에서 주인공이 멋진 수트를 입고 날아오른다거나 어마무시한 힘을 뽐내는 장면이 나옵니다. 그런데 실제로 몸의 기능을 강화시켜 주는 로봇이 있다고 해요.

오늘의 키워드 #GPS

더 보기

웨어러블이란 '입을 수 있는(Wearable)'이란 뜻이에요. 요즘은 영화에 나오는 영웅들의 슈트처럼 사람이 착용하면 몸의 기능을 **강화**시켜 주는 로봇을 말해요. 웨어러블 로봇은 군사용으로 개발되었지만 지금은 여러 분야에서 활용되고 있답니다.

웨어러블 로봇은 사람이 바로 들어가기 위험하거나 큰 힘이 쓰여야 하는 곳에서 활발하게 활용되고 있어요. 산림청(산림의 보호와 임산물 이용 개발 등 산림 연구와 경영을 맡고 있는 중앙 행정 기관)은 최근 연구 개발비 2억 원을 투입해 '산불 **진화** 웨어러블 로봇(STEP-UP)'을 개발했다고 해요. **근력**을 약 40퍼센트까지 향상시킬 수 있어 장비를 운반하거나 급경사를 이동할 때 편리해요.

또한 위치 정보 시스템(GPS)을 넣어 야간 산불 진화에도 대원들의 위치를 알 수 있으며, 효율적인 진화 전략을 짜는 데 도움이 된다고 합니다. 웨어러블 로봇을 이용한다면 더욱 안전하게 산불을 끌 수 있겠지요?

웨어러블 로봇은 장애를 가졌거나 노화로 신체를 자유롭게 쓸 수 없는 사람에게도 매우 유용합니다. 예컨대 사고나 병으로 다리를 못 쓰게 되는 경우 의족이나 휠체어를 써야 하는데, 웨어러블 로봇을 이용한다면 착용자의 상태를 센서로 확인하여 약해진 근력을 **보조**해 걸을 수 있도록 돕는답니다.

앞으로 웨어러블 로봇이 더 개발되어 많은 사람을 도울 수 있길 바라봅니다.

 **콘텐츠 정리하기**

① **왼쪽 글을 읽고 빈칸에 알맞은 어휘를 찾아 써 보세요.**

**>클릭!<
어휘 설명**

1) 산불 진화에도 대원들의 ( )를 알 수 있으며, 효율적인 진화
( )을 짜는 데 도움이 된다.

2) 웨어러블 로봇은 신체를 자유롭게 쓸 수 없는 사람에게 매우
( )하다.

② **빈칸에 알맞은 낱말을 골라 써 보세요.**

> 강화, 보조, 근력, 진화

1) 몸이 불편한 사람을 위한 ( ) 장치를 개발하고 있다.

2) 군인은 날마다 신체 ( ) 훈련을 한다.

3) 운동량이 부족하거나 나이가 들면 ( )이 약화된다.

4) 바람으로 인해 산불이 번져 ( )에 큰 어려움을 겪고 있다.

- **강화(強化)** 힘을 더 강하고 튼튼하게 함.

- **근력(筋力)** 근육의 힘.

- **보조(補助)** 주되는 것에 상대하여 거들거나 도움.

- **진화(鎮火)** 불이 난 것을 끔.

 콘텐츠 확장하기

▶ **어떤 웨어러블 로봇이 개발되면 좋을지 써 보세요.**

_____

▶ **관련 검색어로 배경지식을 확장해 보세요.**

🔍 GPS(Global Positioning System, 위치 정보 시스템)   🎤 📷

위성 신호를 수신해 사용자의 위치를 계산하는 시스템이에요. 지구상 모든 위치의
거리 및 속도 등을 측정해 개인의 위치 정보를 자동으로 알려 준답니다. 본래는 미
국에서 군사용으로 개발되었으나 이제는 누구나 사용할 수 있어요. 주로 교통 정보
나 자동차 시스템 등에 활용되고 있답니다.

관련 동영상

OTT는 내 취향을 어떻게 알까?

유튜브가 날 지켜본다!?

유튜브나 넷플릭스 영상을 보고 나서 다음 영상을 보려고 하면 내 취향에 맞는 영상들이 추천됩니다. 어떻게 알고 추천해 주는 걸까요?

오늘의 키워드 #알고리듬 #OTT 👍 👎

더 보기

　유튜브와 넷플릭스 같은 OTT는 이용자의 관심사를 파악해 이용자 맞춤형 **콘텐츠**를 제공해요. 이는 모두 알고리듬 덕분이에요. 알고리듬은 이용자의 검색어, 시청 기록, 선호도, **상호작용** 등 다양한 **데이터**를 모아 분석하여 개인에게 맞는 콘텐츠를 추천합니다. 이용자가 특별히 많이 보는 영상에 공통으로 들어 있는 특징이나 '좋아요', '구독' 등의 표시를 보고 관심사와 비슷한 영상을 보여 주는 거예요.

　이용자 맞춤형 콘텐츠는 구글이나 네이버와 같은 포털 사이트(Portal site)에서도 활용되고 있습니다. 기업은 이용자가 속해 있는 집이나 직장 혹은 현재 있는 위치를 **실시간**으로 수집하여 이용자에게 최적의 정보를 제공하고 있어요. 예를 들어 스마트폰으로 포털 사이트에 '약국'이나 '공원'을 검색하면 실시간으로 주변에 가까이 있는 약국과 공원이 추천되는 방식이에요. 이용자 맞춤형 콘텐츠는 자신에게 맞춤화된 정보만 제공하기 때문에 무척이나 편리합니다.

　하지만 때로는 끊임없이 자신의 관심사에 맞는 콘텐츠를 추천하기에 과하게 몰입해 중독을 일으킨다는 문제도 있어요. 또 이용자의 시청 기록 및 검색 기록, 위치 정보를 모조리 수집하기에 사생활 **침해** 문제도 있지요.

　기업은 이용자 정보 보호에 더욱 힘쓰고, 이용자는 알고리듬의 원리를 이해하여 현명하게 사용해야 해요.

 **콘텐츠 정리하기**

1 왼쪽 글을 읽고 빈칸에 알맞은 낱말을 찾아 써 보세요.

기업은 이용자 (   ) 보호에 힘쓰고, 이용자는 (   )의

원리를 이해하여 현명하게 사용해야 한다.

2 빈칸에 알맞은 낱말을 골라 써 보세요.

> 실시간, 상호작용, 데이터, 콘텐츠

1) 내가 좋아하는 가수 이름이 포털 사이트 (   ) 검색어 순위
   1위를 차지했다.

2) 나는 반려동물, 게임과 관련된 (   )를 좋아한다.

3) 휴대전화를 초기화시키는 바람에 저장되어 있던 (   )가
   모조리 사라졌다.

4) 친구와 게임을 하며 (   )을 하니 더 친해진 느낌이다.

콘텐츠 확장하기

▶ OTT에 지나치게 몰입되지 않고 사용할 수 있는 방법을 써 보세요.

_____

▶ 관련 검색어로 배경지식을 확장해 보세요.

🔍 알고리듬(Algorithm) 🎤 📷

흔히 알고리즘이라고 해요. 컴퓨터 프로그램이 반복되는 문제나 명령어를 풀기 위한 진행 절차나 처리 과정의 순서를 의미해요.

🔍 OTT(Over The Top) 🎤 📷

이용자가 원할 때 원하는 장소에서 원하는 방송을 볼 수 있는 서비스를 말해요. OTT에 가입하면 컴퓨터, 태블릿 PC, 스마트폰 등으로 다양한 영상 콘텐츠를 시청할 수 있답니다.

클릭! 어휘 설명

● **상호작용(相互作用)** 사람이 주어진 환경에서 다른 사람이나 사물과 서로 관계를 맺는 모든 과정과 방식.

● **데이터(Data)** 이론을 세우는 데 기초가 되는 사실이나 자료. 문자, 소리, 그림 따위의 형태로 되어 있음.

● **실시간(實時間)** 실제 흐르는 시간과 같은 시간.

● **침해(侵害)** 침범하여 해를 끼침.

● **콘텐츠(Contents)** 인터넷이나 컴퓨터 통신을 통해 제공되는 각종 정보나 그 내용물.

관련 동영상

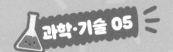

지구를 위해 햇빛으로 요리하다!

햇빛으로 구운 고기 드실 분?

뜨거운 여름, 햇빛 아래 서 있다 보면 살갗이 익는듯한 경험을 할 때가 있어요. 이렇게 뜨거운 햇빛을 이용해 고기를 구울 수 있지 않을까 하는 엉뚱한 생각, 해 본 적 없나요?

오늘의 키워드 #태양에너지 #오목거울

더 보기

태양에너지로 정말 요리를 할 수 있답니다. 하지만 햇빛 아래 재료를 두는 것만으로는 요리가 되지 않아요. 태양으로 요리하기 위해서는 태양 빛을 효과적으로 모을 수 있는 도구가 필요합니다. 오목거울이나 볼록렌즈를 활용하여 빛을 한군데로 모아야 해요. 빛이 모이면 열이 발생하거든요. 오목거울과 같은 원리로 만들어진 반사판을 이용한 조리기의 경우 순간 온도가 400도 이상까지 오를 수 있다고 해요. 이렇게 태양에너지를 이용해 음식을 조리할 수 있게 만든 기구를 태양열 조리기라고 합니다.

태양열 조리기로 가장 널리 알려진 것은 독일 과학자 쉐플러가 만든 '쉐플러 조리기'예요. 쉐플러는 자신의 발명품을 가난하고 어려운 사람도 쓸 수 있게 하려고 **특허**를 내지 않았답니다. 아프리카, 인도 등 일부 **개발도상국**에서는 땔감을 구하는 데 하루에 7시간가량 쓴다고 해요. 그런데 땔감을 구하다가 야생동물이나 범죄에 희생되기도 했지요. 하지만 쉐플러 덕분에 태양열 조리기를 사용한 뒤로 안전하고 편리하게 음식을 조리할 수 있게 되었답니다.

태양열 조리기는 **화석연료**나 땔감을 이용하지 않고 조리가 가능하기에 탄소 배출을 줄일 수 있어 친환경적이에요. 더 이상 나무를 **벌목**하지 않아도 되어 숲을 유지하는 데 도움이 되지요. 또 태양에너지는 경제적으로 도움이 될 수 있어요. 태양은 누구에게나 무료니까요!

1 왼쪽 글을 읽고 빈칸에 알맞은 낱말을 찾아 써 보세요.

(   )이나 (   )를 활용하여 빛을 한군데로 모아야 한다.

2 태양열 조리기를 사용한 개발도상국 사람의 생활이 어떻게 바뀌었는지 써 보세요.

- 사용 전:

- 사용 후:

3 문장에 알맞은 어휘를 찾아 연결해 보세요.

1) 석탄, 석유 등의 지하자원을 (   )라고 한다. •   • 벌목

2) 집을 짓기 위해 나무를 (   )했다.   •   • 특허

3) 선진국보다 (   )의 출생률이 높다.   •   • 개발도상국

4) 노벨의 다이너마이트는 (   )를 받았다. •   • 화석연료

▶ 독일 과학자 쉐플러에게 하고 싶은 말을 써 보세요.

▶ 관련 검색어로 배경지식을 확장해 보세요.

🔍 **태양에너지**(Solar energy)   🎤 📷

태양에너지는 태양에서 방출되는 모든 종류의 에너지를 말해요. 그런데 태양과 지구는 약 1억 5천만 킬로미터나 떨어져 있고 우주 공간의 입자 밀도가 낮아 진공 상태에 가까우므로, 지구에 닿는 것은 전자기파 형태로 내뻗치는 복사에너지랍니다.

🔍 **오목거울**   🎤 📷

오목거울은 반사면이 오목한 거울이에요. 자동차의 헤드라이트와 손전등의 LED도 오목거울을 사용하지요. 렌즈 중에서는 오목거울과 같은 역할을 하는 것이 바로 볼록렌즈예요.

관련 동영상

사라진 꿀벌은 어디로 갔을까?

꿀벌 실종 미스터리

비상! 비상!
봄이 되었는데 꿀벌이 사라져서 큰일이라고 합니다. 꿀벌이 꽃가루를 옮겨야 하는데 말이지요. 꿀벌들은 어디로 사라졌을까요?

오늘의 키워드 #생태계 #환경 운동

더 보기

최근 몇 년 사이 꿀벌이 눈에 띄게 사라지고 있어 **양봉** 농가가 **시름**에 잠겼습니다. 벌집을 열어 보면 텅 비어 있거나 꿀벌이 죽어 있다고 해요. 전문가들은 꿀벌이 사라지거나 죽는 원인 가운데 하나로 이상기후를 꼽고 있어요. 보통 벌들은 겨울철에 벌집 안에서 쉬며 봄이 될 때까지 기다립니다. 하지만 이상고온현상으로 낮 기온이 따뜻해지자 꿀벌들이 일찍 활동을 시작하게 되었지요. 그런데 꿀벌이 활동을 마치고 돌아올 해 질 무렵에는 기온이 급격히 낮아져 얼어 죽는 경우가 있다고 합니다.

그런데 꿀벌이 사라지면 어떤 문제가 생길까요? 꿀벌은 꽃과 열매를 맺는 데 가장 중요한 **꽃가루받이**를 해 주는 '**화분 매개** 곤충'입니다. 꽃을 피우는 식물의 87퍼센트가 곤충의 도움을 받고 있으며, 그중에서도 인간이 먹는 100대 농작물의 70퍼센트 이상이 꿀벌 도움으로 생산된답니다. 꿀벌이 사라지면 꿀벌의 도움을 받던 동식물의 생존이 큰 위협을 받게 되지요. 이처럼 생물들은 서로가 긴밀하게 연결되어 한 종류의 생존이 다른 한 종류의 생존에 큰 영향을 주게 됩니다. 이를 생태계라고 해요. 영국의 왕립지리학회가 지구 생태계에서 가장 중요한 생물 다섯 가지를 뽑았는데 그중 1위로 꿀벌을 뽑았을 정도입니다.

한편 환경 단체는 꿀벌이 사라지는 문제를 널리 알리고 꿀벌의 먹이가 되는 식물을 많이 심는 환경 운동을 펼치고 있답니다.

콘텐츠 정리하기

1 꿀벌이 사라지면 어떤 문제가 생기는지 써 보세요.

---

2 꿀벌에 대한 설명으로 옳은 것은 O, 틀린 것은 X표를 하세요.

1) 최근 꿀벌이 사라지는 현상은 이상기후 때문이다. ☐

2) 꿀벌은 화분 매개 곤충이다. ☐

3) 환경 단체는 꿀벌을 보호하기 위해 꿀벌의 먹이가 되는 식물을 심는 환경 운동을 하고 있다. ☐

콘텐츠 확장하기

▶ 꿀벌이 사라지고 있다는 사실을 모르는 사람에게 심각성을 알리기 위한 글을 써 보세요.

▶ 관련 검색어로 배경지식을 확장해 보세요.

🔍 생태계(生態系) 🎤 📷

지구에는 수많은 생물이 살고 있어요. 생물의 종류는 매우 다양하며 서로 영향을 주고 받으며 살아가지요. 숲을 이루고 스스로 양분을 만드는 나무나 풀은 생산자, 그 풀을 먹는 토끼나 토끼를 잡아먹는 뱀은 소비자라고 해요. 그리고 생물이 죽어 땅에 묻히면 그 사체를 분해해 양분을 얻는 곰팡이나 미생물을 분해자라고 합니다.

🔍 환경 운동(環境 運動) 🎤 📷

자연환경과 생태계를 보호하기 위한 여러 가지 활동을 말해요. 환경 운동을 하는 사람을 환경 운동가라고 하지요. 일반 시민도 환경 운동을 할 수 있어요. 환경 단체에 후원을 하고 그들의 뜻을 함께 하는 것도 환경 운동이에요.

클릭! 어휘 설명

●**꽃가루받이** 종자식물에서 수술의 화분(花粉)이 암술머리에 옮겨 붙는 일.

●**매개(媒介)** 둘 사이에서 양편의 관계를 맺어 줌.

●**시름** 마음에 걸려 풀리지 않고 남아 있는 근심, 걱정.

●**양봉(養蜂)** 꿀을 얻기 위해 벌을 기름.

●**화분(花粉)** 종자식물 수술의 화분낭 속에 들어 있는 꽃의 가루.

관련 동영상

멀고도 험한 우주인이 되는 길

우주인이 되는
훈련 과정
대공개!

♦ 우주 탐사를 위한 인류의 열망은 끊임없이 이어져 왔어요. NASA는 '아폴로 계획' 이후 50년이 지난 지금 '아르테미스 계획'을 위해 우주인을 훈련시키고 있습니다.

오늘의 키워드 #우주인 #NASA

 더 보기

아르테미스 계획은 미국의 **주도** 아래 우리나라를 포함한 36개 나라가 참여하는 달 **탐사** 프로젝트(Project)예요. 현재 NASA에서 아르테미스 계획 수행을 위해 우주인을 훈련시키고 있습니다.

우주인이 되기 위해서는 우주 비행에 적합한 신체 조건을 지녀야 합니다. 우주 비행은 **극한** 상황에 놓이는 경우가 **비일비재**하기 때문이죠. 긴급 상황 때문에 잠을 자지 않고 견디거나 빠른 비행 속도를 견딜 수 있어야 해요. 또한, 우주인이 되려면 강인한 정신력도 갖춰야 해요. 미지의 우주 환경과 불확실한 상황을 견딜 수 있는 강인함이 필요하지요.

여러 조건을 갖추었더라도 우주인으로서 우주를 여행하려면 여러 가지 훈련을 거치게 됩니다. 특히 어려운 훈련 과정으로 손꼽히는 일명 '구토 혜성' 훈련은 저중력 항공기가 롤러코스터처럼 급상승과 급하강을 반복하며 우주처럼 **무중력** 상태를 만들어요. 이 과정에서 급격히 고도가 바뀌면서 구토와 멀미를 일으키지요. 우주인이 되려면 무중력 훈련 외에도 중력이 낮은 달에서 걷기 위해 물속 걷기 훈련을 하고, 화산이나 동굴 탐사 훈련을 하기도 합니다. 그뿐만 아니라 다양한 나라와 인종이 우주인으로서 협력해야 하기에 외국어와 리더십 훈련도 받아요.

여러 훈련을 거친 우주인이 아르테미스 계획을 성공하는 날, 다시 한 번 신비로운 우주의 모습을 볼 수 있겠지요?

콘텐츠 정리하기

1 우주인에 대한 설명으로 옳은 것은 O, 틀린 것은 X표를 하세요.

1) 아르테미스 계획은 미국만 수행하는 달 탐사 계획이다. ☐

2) 우주인은 구토 혜성 훈련, 수중 훈련, 리더십 훈련 등을 받는다. ☐

2 빈칸에 알맞은 어휘를 골라 써 보세요.

> 무중력, 주도, 탐사

1) 깊은 바닷속을 (   )하는 최신 잠수정이 개발 중이다.

2) 반장인 나의 (   )로 교실 청소가 시작되었다.

3) 우주는 (   ) 상태라 우주복을 입어야 한다.

> **클릭! 어휘 설명**
>
> ● **극한(極限)** 사물이 진행하여 이를 수 있는 최후의 단계나 지점.
>
> ● **무중력(無重力)** 마치 중력이 없는 것처럼 느끼는 현상.
>
> ● **비일비재(非一非再)** 같은 현상이나 일이 한두 번이나 한둘이 아니고 많음.
>
> ● **주도(主導)** 앞장서서 조직이나 무리를 이끎.
>
> ● **탐사(探査)** 알려지지 않은 사물이나 사실을 샅샅이 조사함.

콘텐츠 확장하기

▶ 달을 탐사할 우주인에게 하고 싶은 말을 써 보세요.

_____

▶ 관련 검색어로 배경지식을 확장해 보세요.

🔍 **우주인(宇宙人)**

우주선을 타고 지구 밖으로 나가는 사람이에요. 아직까지 우주를 자유롭게 드나들 수가 없어서 특수한 훈련을 받은 우주 비행사를 가리키지요. 최초 우주인은 러시아의 유리 가가린이에요. 우리나라 최초 우주인은 이소연 씨랍니다.

🔍 **NASA**(National Aeronautics and Space Administration)

나사는 미국항공우주국의 줄임말이에요. 우주 활동에 관한 기획, 지도, 실시 등을 하고 있으며 비행체를 이용한 측정과 관측 등을 하는 미국 정부 기관이에요.

관련 동영상

27

외계인이 정말 있을까?

외계인과 친구되기 가능?

미국 천문학자 칼 세이건이 말했어요. 지구에만 생명이 사는 것은 낭비라고요. 여러분 생각은 어떤가요?

오늘의 키워드 #화성 #위성

더 보기

우리가 살고 있는 지구에는 인간을 비롯한 동식물 등 많은 생명체가 살고 있습니다. 그래서 종종 지구 밖 우주에도 외계 생명체나 외계인이 살고 있을지 모른다는 생각을 하곤 해요. 우주라는 **광활한** 공간 어딘가에 있을지도 모르는 생명체를 찾는 것은 인류의 가장 큰 미스터리 가운데 하나입니다. 미지의 호기심을 풀기 위해 과학자와 천문학자들은 여러 가지 우주탐사 활동을 해 왔어요.

우주에서 생명체가 살기 위해서는 어떤 조건을 갖추어야 할까요? 우선 해당 공간에 **대기**가 있어야 합니다. 또한 표면에 액체 상태로 **존재**하는 물도 필요하지요. 마지막으로는 적당한 온도가 유지되어야 해요. 우리가 사는 지구는 이런 조건을 모두 만족하고 있답니다. 이 세 가지 조건을 갖춘 행성이나 위성이 존재한다면 생명체가 살 수 있는 확률이 올라가게 됩니다.

과학자와 **천문학자**는 생명체가 살 조건이 높은 행성에 탐사선을 보내 생명체의 흔적을 찾고 있어요. 일부 탐사선은 화성에서 물의 흔적을 발견해 생명체가 존재하는지 또는 존재했었는지 확인하고 있답니다. 과학자들은 탐사와 연구를 통해 화성 외에도 목성의 위성인 유로파나 토성의 위성인 타이탄에 생명체가 존재할 수도 있다고 주장하고 있어요.

어쩌면 머지않은 미래에 정말 외계인을 찾았다는 소식을 접할지도 모르겠네요.

콘텐츠 정리하기

1 우주탐사에 대한 설명으로 옳은 것은 ○, 틀린 것은 X표를 하세요.

1) 생명체가 살기 위해서는 물만 있으면 된다. ☐

2) 일부 탐사선은 토성에서 물의 흔적을 발견했다. ☐

3) 과학자들은 생명체의 흔적을 찾기 위해 행성에 탐사선을 보내 탐사 활동을 한다. ☐

2 생명체가 살기 위한 세 가지 조건은 무엇인가요?

1) _____ 2) _____ 3) _____

콘텐츠 확장하기

▶ 어딘가에 있을지도 모르는 외계인에게 하고 싶은 말을 써 보세요.

_____

_____

▶ 관련 검색어로 배경지식을 확장해 보세요.

🔍 **화성(火星)** 🎤 📷

화성은 지구를 빼고 태양계 행성 가운데 표면 탐사가 가장 많이 이루어졌어요. 과학자들은 화성이 지구 다음으로 지구와 가장 비슷한 행성이라고 여기고 있지요. 화성의 자전 주기가 지구와 비슷하며 물의 존재를 확인했거든요. 하지만 여전히 생명체가 살기엔 혹독한 환경이랍니다.

🔍 **위성(衛星)** 🎤 📷

행성 주위를 떠도는 천체를 말해요. 지구, 화성, 목성, 토성, 천왕성, 해왕성에 위성이 있으며, 태양계에는 160개가 넘는 위성이 있어요.

클릭! 어휘 설명

● **광활(廣闊하다)** 막힌 데가 없이 트이고 넓다.

● **대기(大氣)** 공기를 달리 이르는 말.

● **존재(存在)** 현실에 실제로 있음. 또는 그런 대상.

● **천문학자(天文學者)** 우주의 현상을 연구하는 학자.

관련 동영상

일상을 넘나드는 가상 세계

이번에 오는 버스는
메타버스입니다!
메타버스 타실 분!

"도로 위를 다니는 버스는 알겠는데, 메타버스는 도대체 무슨 버스람?"
메타버스라는 말을 들어 본 적이 있나요? 메타버스에 대해 낱낱이 알아보아요.

오늘의 키워드 #SNS #증강 현실

메타버스(Metaverse)는 1992년 미국 작가 닐 스티븐슨의 소설에 처음으로 등장했어요. 가상과 **초월**을 뜻하는 그리스어 '메타(Meta)'와 '우주(Universe)'를 더한 말이에요. '현실을 넘어선 가상 세계'라는 의미가 담겨 있지요. 몇 년 전 크게 유행했던 감염병으로 **비대면** 문화가 확산되면서 메타버스가 주목받았답니다. 메타버스는 크게 네 가지 유형으로 나눌 수 있습니다.

첫째, 증강 현실(AR)은 2D나 3D로 표현되는 가상의 물체를 현실에 나타나도록 하여 이용자와 상호작용할 수 있게 만드는 기술이에요. 아이언맨이라는 영화를 보면 특수 제작된 슈트와 헬멧을 착용한 주인공의 **시야**에 사물과 그 사물에 대한 정보가 함께 보이는데, 이것이 증강 현실이지요.

둘째, 가상현실(VR)은 현실과 비슷하게 꾸며 놓은 디지털 공간에서 이용자들을 나타내는 아바타나 캐릭터가 공간을 대신 체험할 수 있도록 만들어 놓은 것입니다. 마인크래프트나 로블록스와 같은 게임이 여기에 속해요.

셋째는 라이프로깅(Lifelogging)은 현실의 삶을 디지털로 정리해 기록하는 거예요. 자신이나 주변 사람들의 모습을 찍어 SNS에 기록하고 공유하는 것이지요.

마지막으로 거울 세계는 현실의 정보나 모습을 거울처럼 그대로 디지털 자료화 한 거예요. 가게 정보나 거리의 모습을 그대로 옮겨 놓은 배달 앱도 그중 하나예요. 여러분은 어떤 메타버스를 가장 자주 사용하고 있나요?

콘텐츠 정리하기

1 메타버스의 네 가지 유형을 써 보세요.

1)   2)   3)   4)

2 메타버스 네 가지 유형에 맞게 활용된 예를 찾아 연결해 보세요.

1) 증강 현실 •   • 일상 브이로그를 유튜브에 올렸다.

2) 가상현실 •   • 구글 안경을 쓰고 사물을 보면 사물에 대한
                          정보가 함께 보인다.

3) 라이프로깅 •   • 인터넷 지도를 보고 약속 장소를 찾아갔다.

4) 거울 세계 •   • 친구와 게임에 접속해서 캐릭터로 게임을 했다.

> **클릭! 어휘 설명**
>
> ● **비대면(非對面)** 직접 만나지 않거나 서로 얼굴을 마주 보고 대하지 않음.
>
> ● **시야(視野)** 시력이 미치는 범위.
>
> ● **초월(超越)** 어떠한 한계나 표준을 뛰어넘음.

콘텐츠 확장하기

▶ 메타버스를 사용한 경험을 써 보세요.

• 활용한 상황:

• 좋았던 점:

• 불편했던 점:

▶ 관련 검색어로 배경지식을 확장해 보세요.

🔍 **SNS**(Social Network Service)

SNS는 '사회적인 연결망 서비스'라는 뜻으로 온라인에서 사람들 사이의 관계를 연결해 주는 서비스예요. 주로 틱톡, 인스타그램 같은 어플리케이션(앱)을 말해요.

🔍 **증강 현실**(Augmented Reality, AR)

현실의 이미지나 배경에 3차원의 가상 이미지를 겹쳐서 만든 영상 기술이에요. 위치 정보 시스템인 GPS 수신기를 통해 사용자의 현재 위치를 임시 기록한 뒤 실시간으로 보여 주지요.

관련 동영상

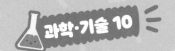

스스로 색깔이 바뀌는 꽃

신기한 수국의 비밀

◇ 장마철이 되면 아름답게 피어나는 꽃이 있어요. 바로 수국이랍니다. 수국은 작은 꽃들이 올망졸망 모여 꽃다발처럼 피어나요. 그런데 수국에 놀라운 비밀이 있다는 사실 알고 있나요?

오늘의 키워드 #안토시아닌 #산성흙

더 보기

장마철에 활짝 피어나는 수국은 꽃 색깔이 다양해요. 하지만 어떤 색깔로 필지 예측하기 어려워요. 제주도에서는 수국이 변덕스러운 도깨비를 닮았다고 하여 '도깨비 꽃'이라 부른답니다. 수국의 변덕스러움은 꽃말에서도 느낄 수 있는데요. 수국 꽃말은 변덕, 변심이에요. 수국이 처음 필 때는 연두색이었다가 다 피고 나면 파란색이나 분홍색이 되기도 하고, 흙 상태에 따라 작년에는 분홍색으로 피었는데 올해는 파란색으로 피기도 해요. 수국은 왜 같은 꽃인데도 색깔이 달라지는 걸까요?

수국은 본래 어떤 색을 가지고 있는 것이 아니라 **토양**의 산성도에 따라 색깔이 변하는 **성질**이 있어요. 수국 속에 있는 안토시아닌이라는 색소가 토양의 **산성** 물질과 반응하기 때문이에요. 수국 속 안토시아닌은 철이나 알루미늄 성분이 많은 산성흙을 만나면 푸른색을 띠고, 철이나 알루미늄 성분이 적은 **염기성** 흙을 만나면 붉은색을 띠게 된답니다. 수국은 토양의 산성도를 확인할 수 있어서 천연 **지시약** 역할을 하기도 해요.

수국 색의 비밀을 알았으니, 원하는 색으로 피울 수 있겠지요? 우리 주변에 있는 산성 물질인 식초나, 레몬즙을 이용해 산성흙을 만들면 푸른 꽃을 만들 수 있어요. 반대로 염기성 물질인 조개껍데기나 달걀 껍데기를 이용해 염기성 흙을 만든다면 붉은색 수국을 볼 수 있답니다.

 **콘텐츠 정리하기**

① 제주도에서 수국을 '도깨비 꽃'이라고 부르는 이유는 무엇인가요?

_____

_____

② 수국에 대한 설명으로 옳은 것은 O, 틀린 것은 X표를 하세요.

1) 수국 꽃말은 변덕, 변심이다. ☐

2) 수국은 산성흙을 만나면 붉은색, 염기성 흙을 만나면 푸른색으로 핀다. ☐

3) 토양의 산성도를 조절하여 수국의 꽃잎 색을 원하는대로 만들 수 있다. ☐

콘텐츠 확장하기

▶ 좋아하는 꽃과 꽃말을 검색해 써 보세요.

• 좋아하는 꽃: _____

• 꽃말: _____

▶ 관련 검색어로 배경지식을 확장해 보세요.

🔍 안토시아닌(Anthocyanin) 🎤 📷

꽃이나 과실에 들어 있는 색소를 말해요. 냄새와 맛은 없지만 식물 속에서 여러 역할을 해요. 열매나 꽃에서는 색깔을 통해 동물이나 곤충을 유인해 꽃가루를 옮기게 만들고 잎은 자외선을 막지요. 또한 항산화 물질이 있어서 영양제에도 들어간답니다.

🔍 산성흙(酸性흙) 🎤 📷

산성 물질이 많이 들어 있는 토양을 말해요. 비가 많이 내린 흙에 염기가 사라지거나 산성 물질이 모여 산성흙이 되기도 해요. 동백꽃, 목련 등이 산성흙에서 잘 자라요.

클릭! 어휘 설명

● **산성(酸性)** 물에 녹아 산성을 나타내는 물질. 레몬이나 식초 따위처럼 주로 신맛이 남.

● **성질(性質)** 사물이나 현상이 가지고 있는 고유한 특성.

● **염기성(鹽基性)** 물에 녹아 염기성을 나타내는 물질. 비누, 세제 등에 많이 들어가 있으며 주로 미끈미끈함.

● **지시약(指示藥)** 화학 반응의 완결 상태를 확인할 수 있는 시약 (약품).

● **토양(土壤)** 식물에 영양을 공급해 자라게 할 수 있는 흙.

관련 동영상

서로 소통하는 똑똑한 고래

고래끼리 말을 한다?

여러분은 동물한테도 사람과 같은 언어가 있다고 생각하나요? 최근 연구 결과에 따르면 고래에게도 사람과 같은 언어 체계가 있다고 합니다.

오늘의 키워드 #향유고래

더 보기

향유고래는 몸길이 20미터, 몸무게는 50톤에 이르는 아주 거대한 동물이에요. 예전에는 사람들이 고래기름을 얻기 위해 향유고래를 마구 잡아들여 멸종 위기종으로 지정되기도 했어요. 그런데 최근 우리나라 동해에서 향유고래 100여 마리가 건강하게 살아가고 있다는 반가운 소식이 전해지기도 했답니다. 고래는 혼자 살지 않고 여러 마리가 무리 지어 함께 사냥하고 생활하는 사회적 동물이에요.

특히 향유고래는 몸속 공기주머니를 이용한 클릭 소리 '코다'를 통해 소통한다는 사실은 이전에도 알려져 있었답니다. 그런데 최근 미국 MIT(매사추세츠 공과대학교) 고래 연구 단체 CETI 연구진은 코다가 사람의 언어처럼 **체계적**인 구조로 되어 있다는 사실을 알아냈어요.

향유고래 두 마리가 2분간 주고받은 소리를 분석한 결과 인간이 말할 때처럼 소리의 리듬이나 빠르기를 조절할 수 있고 여러 소리를 **조합**하며 소통하고 있다고 합니다. 그리고 이 소리는 사람의 대화처럼 내용에 따라 변하기도 해요.

이번 연구는 도미니카공화국의 동부 카리브해에 서식하는 향유고래 60여 마리를 대상으로 이루어진 것입니다. 인공지능 기술을 통해 8,719개나 되는 **방대한** 소리 데이터를 분석했다고 합니다. 앞으로 연구진은 고래의 언어를 이해하기 위해 더 많은 연구를 수행할 계획이라고 밝혔어요.

 **콘텐츠 정리하기**

1 향유고래에 대한 설명으로 옳은 것은 O, 틀린 것은 X표를 하세요.

1) 사람들이 향유고래를 마구 잡아들여 멸종 위기에 처하기도 했다. ☐

2) 향유고래는 소리를 조합하며 소통한다. ☐

3) 인공지능 기술을 활용해 향유고래 소리를 분석했다. ☐

2 빈칸에 알맞은 어휘를 골라 써 보세요.

> 조합, 체계적, 방대

1) 큰 병을 치료할 때는 (   )인 치료 계획에 따라 치료를 해야 한다.

2) 여러 숫자를 (   )하여 나만의 비밀번호를 만들었다.

3) 국회도서관에는 (   )한 양의 책이 꽂혀 있다.

>클릭!<
어휘 설명

● **체계적(體系的)** 일정한 원리에 따라서 낱낱의 부분이 짜임새 있게 조직되어 통일된 전체를 이루는 것.

● **조합(組合)** 여럿을 한데 모아 한 덩어리로 짬.

● **방대(尨大)하다** 규모나 양이 매우 크거나 많다.

 **콘텐츠 확장하기**

▶ 인공지능 기술로 동물과 대화할 수 있다면 어떤 동물과 대화하고 싶은지 써 보세요.

_____

▶ 관련 검색어로 배경지식을 확장해 보세요.

🔍 향유고래 🎤 📷

향유고래는 사각형의 뭉툭하고 커다란 머리와 날카로운 원뿔 모양 이빨을 가지고 있어요. 지구에서 가장 큰 뇌를 가지고 있어요. 수심 2,200미터나 되는 심해까지 내려가기도 하지요.

🔍 동물의 언어 🎤 📷

동물이 쓰는 언어는 인간의 언어와 차이가 있어요. 하지만 동물도 그들만의 언어로 소통해요. 꿀벌이 동료에게 꿀의 위치를 알릴 때 춤을 추듯이 모양을 그리며 날거나 원숭이가 위험을 알릴 때 지르는 외침 등 동물도 그들만의 언어로 소통을 한답니다.

관련 동영상

착한 해커가 있다고?

해커 잡는 해커의 모든 것!

해커는 프로그램이나 서버의 보안을 뚫고 무단으로 정보를 훔치는 사람입니다. 그런데 국가에서 인정한 해커가 있다는 사실, 알고 있나요?

오늘의 키워드 #사이버 범죄 #큐싱

더 보기

해킹은 사이버 범죄의 한 종류로, **대개** 정보를 무단으로 빼내는 행동으로 알고 있어요. 해커 또한 시스템에 침입하여 정보를 빼내어 가는 나쁜 사람으로 알려진 경우가 많고요. 뉴스를 보면 포털 사이트나 공공기관, 은행 시스템에서 고객 정보를 훔쳐 가는 나쁜 해커의 이야기가 보도되곤 합니다. 하지만 해킹하는 해커가 모두 다 범죄자는 아니에요.

해커는 해킹을 어떤 목적으로 하는가에 따라 블랙 해커와 화이트 해커로 나뉘어요. 블랙 해커는 나쁜 의도를 가지고 해킹을 하는 사람이에요. 블랙 해커는 악성 코드를 입력해 둔 링크나 QR코드를 다른 사람의 PC나 스마트폰에 보낸 다음 **무단**으로 침입해 시스템을 파괴하거나 정보를 빼가요. 이를 큐싱이라고 하지요. 반대로 화이트 해커는 선한 목적을 가진 해커를 말해요. 화이트 해커는 기관의 시스템이 블랙 해커에게 공격받지 않도록 **보안**이 약한 부분을 찾아내고 약한 곳을 **보완**해요. 그래서 화이트 해커를 보안 전문가라고 부르기도 해요. 온라인 시스템상의 군인이나 경찰 같은 역할을 하고 있지요.

사람들은 정보 통신 기술의 발달로 더 다양한 부분을 컴퓨터 시스템에 기대고 있어요. 앞으로 더욱더 많은 부분에서 인터넷을 활용하게 되면 인터넷에 남는 개인 정보도 늘어날 거예요. 그렇게 되면 정보를 지키는 보안 전문가인 화이트 해커의 역할이 더욱 중요해지겠지요?

콘텐츠 정리하기

1 해커에 대한 설명으로 옳은 것은 O, 틀린 것은 X표를 하세요.

1) 해커는 정보를 훔쳐 가는 사람으로 모두 범죄자다.

2) 화이트 해커는 보안 전문가로 불리기도 한다.

3) 앞으로 화이트 해커의 역할이 더욱 중요해질 것이다.

2 빈칸에 알맞은 낱말을 골라 써 보세요.

> 무단, 보안, 보완, 대개

1) 다른 사람 작품을 허락받지 않고 (   )으로 베끼면 안 된다.

2) 이전 제품의 성능을 (   )하여 신제품을 만들었다.

3) 외부인이 들어오는 것을 막기 위해 건물의 (   )이 강화되었다.

4) (   ) 학생은 공부를 하는 어린이와 청소년, 대학생을 말한다.

클릭! 어휘 설명

- **대개(大蓋)** 큰 원칙으로 말하건대.
- **무단(無斷)** 사전에 허락이 없음.
- **보안(保安)** 안전을 유지함.
- **보완(補完)** 모자라거나 부족한 것을 보충하여 완전하게 함.

콘텐츠 확장하기

▶ 화이트 해커를 응원하는 댓글을 써 보세요.

_____

▶ 관련 검색어로 배경지식을 확장해 보세요.

🔍 사이버 범죄(Cyber crime) 🎤 📷

인터넷으로 연결된 컴퓨터 시스템이나 사이버 공간에서 개인이나 기업, 공공 기관에 해를 끼치는 범죄를 말해요. 명예 훼손, 사기, 개인 정보 침해, 불법 사이트 개설 등이 해당됩니다.

🔍 큐싱(Qshing) 🎤 📷

QR코드와 피싱(Phishing)의 합성어로 QR코드를 이용한 해킹을 의미해요. 악성 프로그램을 설치해 개인 정보, 금융 정보를 빼내고 원격 조정해 소액 결제를 유도하지요.

관련 동영상

일하는 사람이 없는 이상한 식당

무인 식당의 비밀!

일하는 사람이 아무도 없는데 음식 주문이 가능하고, 맛있는 음식이 저절로 만들어지는 곳이 있대요. 어떻게 이런 일이 가능할까요?

오늘의 키워드　#키오스크 #무인

더 보기

　　　미래 식당에는 일하는 사람이 없을지도 몰라요. 일하는 사람이 없는데 어떻게 음식이 나올까요? 메뉴 주문부터 요리, 서빙까지 자동화된 무인 식당의 이야기입니다.

　　손님이 키오스크로 주문하면 주방에서는 로봇 요리사가 입력된 주문대로 조리해요. 음식이 다 되면 서빙 로봇이 손님에게 서빙을 하지요. 모든 과정이 **자동화**되어 있어서 일할 사람이 필요하지 않아요. 물론 지금도 많은 음식점이 키오스크로 주문을 받고 서빙 로봇을 쓰기 시작했어요. 하지만 로봇이 요리까지 해 주는 곳은 드물지요. 머지않아 로봇 요리사가 더 정교해지고 값도 저렴해진다면, 모든 과정이 자동화되어 무인으로 운영되는 식당이 많아질 거예요.

　　로봇 요리사가 음식을 만들면 어떤 장점이 있을까요? 로봇 요리사는 오차 없이 음식을 만들 수 있답니다. 음식에 필요한 정확한 양을 **계량**하고 정확한 시간과 온도로 **조리**할 수 있어요. 지치지 않고 일할 수 있기에 24시간 동안 쉬지 않고 음식을 만들 수 있지요. 뜨거운 기름을 사용하는 어렵고 위험한 조리도 거뜬해요.

　　단점은 로봇 요리사가 미묘한 맛의 차이를 알지 못한다는 거예요. 재료의 신선도 확인이나 정교한 준비 과정 역시 사람 손길이 필요하며, 창의적인 플레이팅이 어려워요. 또한 요리와 서빙을 대신해 주는 로봇이 늘어나면, 일자리가 점점 줄어요. 여러분도 무인 식당의 장단점을 생각해 보세요.

콘텐츠 정리하기

1 무인 식당에 대한 설명으로 옳은 것은 O, 틀린 것은 X표를 하세요.

1) 요즘에는 음식을 주문하거나 서빙하는 일을 전부 사람이
   하고 있다. ☐

2) 로봇 요리사는 항상 일정한 온도로 조리한다. ☐

3) 로봇 요리사가 더 저렴해진다면 무인 식당도 늘 것이다. ☐

**클릭!
어휘 설명**

● **계량(計量)** 수와 양을 헤아림.

● **자동화(自動化)** 다른 힘을 빌리지 않고 스스로 움직이거나 작용함.

● **조리(調理)** 요리를 만들다.

2 문장에 알맞은 어휘를 찾아 연결해 보세요.

1) 조리 •   • 공장을 전부 (   )했다.

2) 자동화 •   • 전자저울로 설탕의 양을 정확하게 (   )했다.

3) 계량 •   • 같은 재료로 (   )해도 맛이 다르다.

콘텐츠 확장하기

▶ 무인 식당을 광고하려고 합니다. 홍보 문구를 써 보세요.

_____

_____

▶ 관련 검색어로 배경지식을 확장해 보세요.

🔍 **키오스크(Kiosk)**

본래는 '신문이나 음료 등을 파는 매점'을 뜻해요. 지금은 정보 통신을 연결해 무인으로 결제할 수 있는 단말기를 뜻한답니다. 터치스크린으로 메뉴나 물건을 고르고 계산해요.

🔍 **무인(無人)**

무인 편의점, 무인 숙소, 무인 발전소, 무인 자동차 등 사람 없이 움직이거나 운영되는 곳이 많아지고 있어요. 일은 컴퓨터나 로봇이 하고, 사람은 관리만 하게 되는 것이죠. 모든 것이 무인으로 바뀌면 어떤 장단점이 생길지 생각해 보세요.

관련 동영상

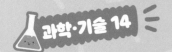
세계 최고의 로켓이었던 신기전

선조들이 쏘아 올린
최고의 K-로켓!

'5, 4, 3, 2, 1 발사!'
로켓 하면 길쭉한 물체가 불꽃을 내뿜으며 하늘을 향해 솟구치는 모습이 떠오르죠? 그런데 15세기 최고의 로켓이 우리나라 로켓이었다는 사실 알고 있나요?

오늘의 키워드 #주화 #임진왜란

더 보기

로켓은 기체 힘을 이용해 위로 올라가는 비행 물체예요. 연료를 태울 때 고온과 **고압**의 가스가 **분출**되는데, 세차게 분출되는 가스의 **추진력**을 얻고 솟아오르지요. 현재 우리나라에서 발사한 로켓은 나로호와 누리호예요. 나로호는 2013년, 러시아와 공동 개발해 발사에 성공한 우리나라 로켓이에요. 그리고 2022년 발사에 성공한 누리호는 다른 나라 도움 없이 우리나라 **독자** 기술로 개발한 로켓이랍니다.

그런데 첨단 과학기술의 상징인 로켓이 조선 시대에도 있었어요. 바로 신기전이랍니다. 신기전은 조선 세종 때 제작된 화살 달린 로켓이에요. 고려 시대에 최무선이 만든 '주화'라는 무기를 바탕으로 최무선의 아들인 최해산과 장영실이 만들었답니다. 신기전은 매달아 놓은 고체 형태 화약의 타는 힘으로 날아가는데 거리나 방향까지 조절할 수 있었어요. 거리를 조절하기 위해 화약의 양을 다르게 했으며 방향을 조절하기 위해 '화차'라고 불리는 수레 형태의 발사대를 사용했답니다.

신기전의 **위력**은 아주 놀라웠어요. 조선 역사를 기록한 <조선왕조실록>에 보면 적이 숨어 있을 만한 곳에 신기전을 쏘면 겁에 질린 적들이 스스로 항복했다는 기록이 있습니다. 특히 신기전은 임진왜란 당시 거북선과 함께 일본군을 물리치는 데 크게 기여했어요. 신기전을 통해 우리 선조들이 아주 뛰어난 과학기술을 가지고 있었다는 사실을 알 수 있답니다.

 **콘텐츠 정리하기**

1 로켓은 어떤 방법으로 날아가는 물체인지 써 보세요.

_____

2 빈칸에 알맞은 낱말을 골라 써 보세요.

> 분출, 추진력, 위력, 독자

1) 수영에서 (   )을 얻기 위해 힘껏 발차기를 했다.

2) 화산 (   )로 주민들이 대피했다.

3) 아이돌 광고 모델의 (   )은 대단했다.

4) 우리나라 기업이 (   ) 기술로 암 검사 키트를 발명했다.

콘텐츠 확장하기

▶ 물 로켓, 에어 로켓 등 주변 재료로 만들 수 있는 로켓을 찾아보고 만들어 보세요.

▶ 관련 검색어로 배경지식을 확장해 보세요.

🔍 주화(走火) 🎤 📷

최무선이 고려 말 화통도감(고려시대 화약·화기 제조를 맡아 보던 임시 관청)에서 만든 화약 무기예요. 우리나라 최초로 만들어진 로켓형 무기랍니다. 안타깝게도 구조와 크기에 대한 자세한 기록은 없지만 소신기전(주화를 개량해 만든 로켓형 무기인 신기전 중 하나-길이는 약 138㎝) 정도 크기로 추측하고 있어요.

🔍 임진왜란(壬辰倭亂) 🎤 📷

조선 선조 25년인 1592년 일본이 침입하여 일어난 전쟁이에요. 선조 31년인 1598년까지 7년 동안 두 번이나 침략하였지요. 당시 일본을 통일했던 도요토미 히데요시가 전쟁을 일으켰으나 조선이 명나라와 연합해 승리했어요.

관련 동영상

유전자를 싹둑 자른다고?

이게 다 유전자 때문이야!

곱슬곱슬한 머리, 주근깨가 가득한 얼굴이 불만인 적 있나요? 그런데 머지 않은 미래에는 이러한 유전자를 미리 잘라 낼 수 있을지도 몰라요.

오늘의 키워드 #유전자

더 보기

몸속에는 우리의 모습과 건강 상태를 결정하는 수많은 유전자가 있어요. 얼굴 모양, 피부색, 키, 혈액형, 성격, 어떤 병에 약한지 등 사람의 수많은 특징 모두 유전자에 담긴 정보에 따라 결정됩니다. 유전자 가위는 이런 여러 가지 정보를 담은 부분을 찾아 정확하게 자르는 역할을 해요. 유전자 가위는 다양한 분야에 활용될 수 있어요.

첫째, 치료에 도움이 될 수 있답니다. 유제품이나 호두 등 특정 물질에 **알레르기**가 있어 음식을 가려야 하는 사람의 유전자를 고칠 수 있고, 치료법이 없어 고통받는 사람의 병을 낮게 해 건강한 삶을 살 수 있게 도와요. 둘째, 농작물의 유전자를 바꾸어 더 좋은 작물을 만들 수 있어요. 농작물의 맛과 향, 영양분을 높일 수가 있고, 어떤 환경에서도 자랄 수 있도록 유전자를 **편집**할 수 있답니다.

하지만 유전자 가위를 활용하는 데 아직 여러 문제가 있어요. 첫째, 유전자 편집 기술을 어디까지 **허용**해야 하는가의 문제예요. 유전자 편집 기술을 이용하면 성별이나 외모, 지능까지 선택한 '맞춤형 아기'를 낳을 수 있다고 해요. 이는 생명을 조작하고, 인간 고유의 **존엄성**을 해칠 수 있다는 우려가 있어요. 둘째, 높은 비용도 문제예요. 경제 여건이 좋지 않은 환자들은 돈이 없어서 치료를 받을 수 없는 불평등이 생길 수 있어요. 혹시 모를 부작용도 문제예요. **치명적**인 부작용이 생길 경우 사용한 사람이 큰 피해를 입을 수 있어요. 여러분의 생각은 어떤가요?

콘텐츠 정리하기

1 유전자 가위에 대한 설명으로 옳은 것은 O, 틀린 것은 X표를 하세요.

1) 유전자 가위는 고치기 힘든 질병을 치료하는 데 사용된다. ⬚

2) 유전자 가위를 활용하면 영양분이 많은 농작물을 만들 수 있다. ⬚

3) 유전자 가위는 경제 여건과 상관없이 누구에게나 공평한
   기술이다. ⬚

2 문장에 알맞은 어휘를 찾아 연결해 보세요.

1) 편집 •　　　• 인간의 (　)은 동등하게 지켜져야 한다.

2) 알레르기 •　　　• 친구들과 찍은 영상을 (　)해서 유튜브에 올렸다.

3) 존엄성 •　　　• 복숭아 (　)가 있어 복숭아를 못 먹는다.

콘텐츠 확장하기

▶ 유전자 가위로 유전자를 편집한 '맞춤형 아기'를 허용하는 것에 어떤 의견을 가지고 있는지 써 보세요.

_____

_____

_____

▶ 관련 검색어로 지식을 확장해 보세요.

🔍 유전자(遺傳子, Gene)　　　　　　　🎤 📷

세포를 통해 자신의 특징을 자식에게 전달하는 유전 형질이에요. 특징을 물려 주는 것을 유전, 유전을 일으키는 단위를 유전자라고 하지요. 생물의 모양을 결정하는 유전자는 디엔에이(DNA) 속에 들어 있어요.

관련 동영상

방사성폐기물은 어디에 버릴까?

지구와 인류를 위협하는 방사성폐기물!

후쿠시마 원자력발전소 사건으로 인해 전 세계에서는 원자력발전소의 위험성과 방사성폐기물에 대해 깊은 고민에 빠졌어요.

오늘의 키워드 #핵연료 #후쿠시마 원자력발전소 사고

더 보기

원자력발전은 핵연료를 이용해 전기를 만들어요. 우리나라 전기 생산량의 총 30퍼센트 정도가 원자력발전에서 만들고 있습니다. 적은 원료를 이용해 많은 전기에너지를 만들 수 있다는 장점이 있습니다. 하지만 원자력발전 과정에서 나오는 방사성폐기물에 **독성**이 있다는 것이 큰 단점이에요. 방사성폐기물에 **노출**된 사람은 구토나 어지럼을 느끼고, 심하면 세포가 손상되어 암에 걸릴 수도 있어요. 이렇게 위험한 방사성폐기물의 독성이 반으로 줄어들려면 수만 년이나 걸린다고 해요.

방사성폐기물은 위험한 수준에 따라 종류를 나누어요. 가장 먼저 발전소에서 사용한 장갑, 걸레 등 위험도가 적은 저**준위** 폐기물이 있어요. 저준위 폐기물보다 방사능 노출이 많이 된 원자로 부품은 중준위 폐기물이에요. 핵연료는 위험성이 가장 높은 고준위 폐기물이에요.

그렇다면 방사성폐기물은 어떻게 버릴까요? 우선 적당한 처리 장소를 찾을 때까지 원자력발전소에 임시 보관됩니다. 그 후 방사성물질이 새어나가지 않도록 보관함을 만들어 독성이 줄어들 때까지 깊은 지하나 바닷속에 보관해요. 하지만 이 방법은 안전하지 않아요. 후쿠시마 원자력발전소처럼 사고가 생기면 방사성 물질이 바로 **유출**되어 큰 문제가 생길 수도 있고요. 그래서 여러 나라에서 원자력발전을 줄이고 신재생에너지를 사용하기 위해 노력하고 있답니다.

콘텐츠 정리하기

1 원자력발전의 장단점은 무엇인가요?

클릭!
어휘 설명

- 장점:

- 단점:

- **노출(露出)** 겉으로 드러나거나 드러냄.

- **독성(毒性)** 독이 있는 성분.

- **유출(流出)** 밖으로 흘러 나가거나 흘려 내보냄.

- **준위(準位)** 어떤 양을 이미 주어진 양의 상대적인 양으로 표시한 값.

2 빈칸에 알맞은 어휘를 골라 써 보세요.

> 노출, 독성, 유출

1) 유조선의 원유가 (   )되어 바다가 기름으로 뒤덮였다.

2) 미디어에 과하게 (   )되면 일상에서 어려움을 겪을 수 있다.

3) 독버섯의 강한 (   )은 자칫 목숨을 잃게 만들 수 있다.

콘텐츠 확장하기

▶ 신재생에너지에 어떤 것들이 있는지 검색해 써 보세요.

▶ 관련 검색어로 배경지식을 확장해 보세요.

🔍 핵연료(核燃料) 🎤 📷

화력발전소에서 석탄이나 석유 등을 태워 전기를 얻듯 원자력발전소는 핵연료를 원자로에 넣은 다음 핵반응을 일으켜 에너지를 얻어요. 핵분열 물질과 핵융합 물질로 나뉜답니다.

🔍 후쿠시마 원자력발전소 사고 🎤 📷

2011년 3월, 일본 동북부에서 발생한 대규모 지진과 쓰나미로 인해 후쿠시마현에 있던 원자력발전소에서 일어난 사고예요. 쓰나미가 원자력발전소를 덮치면서 원자로가 침수됐고, 전력 공급이 중단되어 수소 폭발이 발생했어요. 이로 인해 원자로가 녹아 내려 방사능이 유출됐어요.

관련 동영상

실험실에서 고기를 만든다고?

실험실 고기로
만든 햄버거
나왔습니다

새우 샌드위치에 들어간 새우가 바다에서 자란 것이 아니라 실험실에서 만든 새우라면 어떨까요? 그보다 왜 실험실에서 새우를 만들까요?

오늘의 키워드 #줄기세포 #미래 식량

더 보기

배양육이란 실험실에서 자란 고기를 말해요. 소, 돼지, 닭과 같은 가축에서 줄기세포를 추출한 다음 배양액에 넣어 **인공적**으로 만드는데, 미래 식량으로 주목받고 있어요.

2020년 싱가포르에서 전 세계 최초로 배양육을 **승인**했고, 우리나라는 물론 미국이나 유럽, 일본 등 세계 여러 나라에서 배양육 개발에 힘쓰고 있어요. 그런데 왜 가축을 길러서 고기를 얻지 않고 실험실에서 인공적으로 고기를 만드는 것일까요? 그까닭은 오늘날 축산 방식에 문제가 있기 때문이에요.

첫째, 기존의 축산업이 환경을 오염시키고 있어요. 가축을 키우는 과정에서 가축의 배설물로 오염된 축산 폐수가 생기는데, 오염도가 높아 정화하기가 어려워요. 그래서 그냥 버리는 곳도 많지요.

둘째, 현재 사육 방식은 동물에게 매우 가혹해요. 적은 공간에서 최대한 많은 고기를 얻기 위해 수백, 수천 마리 동물이 비좁고 **열악한** 환경에서 자라고 있어요.

배양육 기술은 정착하기까지 아직 넘어야 할 산이 많아요. 배양육이 진짜 고기처럼 영양이 충분하고 안전한지, 부작용은 없는지 **검증**이 필요해요. 그렇지만 동물과 환경을 보호하며 안정적으로 식량을 공급할 수 있는 미래 식량임은 분명해요. 조만간 식탁에 배양육으로 맛있게 요리한 음식이 올라오지 않을까요?

콘텐츠 정리하기

1 오늘날 축산 방식의 문제점을 써 보세요.

① _____

② _____

2 빈칸에 알맞은 어휘를 골라 써 보세요.

> 검증, 승인, 인공적

1) 대회에 나가려면 부모님의 (   )이 필요하다.

2) 전문가의 (   )을 거치지 않은 주장은 믿을 수 없다.

3) 줄기세포를 배양해 (   )으로 고기를 만들었다.

콘텐츠 확장하기

▶ 배양육으로 만든 햄버거를 어떻게 생각하는지 써 보세요.

_____

_____

▶ 관련 검색어로 배경지식을 확장해 보세요.

🔍 **줄기세포**(줄기細胞, Stem cell) 🎤 📷

근육, 뼈, 내장, 피부 등 다양한 신체 조직으로 분화할 수 있는 가장 초기 단계의 세포예요. 과학자들은 성인의 골수나 혈액에서 추출한 줄기세포의 특성을 활용해 치료하는 방법을 찾았어요. 하지만 난자와 정자를 결합해 만든 배아줄기세포는 윤리적인 문제로 아직 논란이 있답니다.

🔍 **미래 식량**(未來 食糧) 🎤 📷

지구온난화와 노동력 감소 등 여러 문제로 인류는 식량 위기를 겪고 있어요. 이를 극복할 수 있는 미래 먹거리를 미래 식량 또는 미래 식품이라고 해요. 곤충이나 식물성 대체육, 배양육 등이 미래 식량으로 떠오르고 있답니다.

관련 동영상

우리나라는 지진으로부터 안전할까?

한반도 지진이 달라지고 있다!

한반도인 우리나라는 지진에 있어 섬나라보다는 '안전지대'로 여겨져 왔어요. 하지만 점점 한반도에서 지진이 잦아지고 있다고 합니다. 한반도 지진이 어떻게 달라지고 있는지 알아봐요.

오늘의 키워드 #단층 #내진 설계

더 보기

2024년 6월 12일, 전북 부안군에서 규모 4.8의 지진이 발생했어요. 많은 사람이 강한 흔들림을 느꼈으며 작은 물건이나 그릇이 떨어져 깨질 정도였습니다. 지진이 발생한 뒤 **여진**도 11차례나 반복되어 시민들은 불안에 떨 수밖에 없었습니다.

전문가들은 이번 지진이 그동안 안전지대로 여겨지던 **내륙**지역에서 발생했다는 점에 주목하고 있습니다. 전북 지역은 최근 이렇게 큰 규모의 지진이 발생한 적이 없었거든요. 우리나라에서 발생하는 지진은 주로 단층이 많은 동해안에 집중되어 있어 내륙은 비교적 안전하다고 여겨졌지요. 하지만 이번 지진으로 더 이상 한반도에 지진 안전 지역은 없다는 인식이 퍼지고 있답니다.

전문가들은 이번 지진이 땅속에 숨어 있을지도 모르는 단층 때문이라고 보고 있어요. 이곳에 단층이 있다면 앞으로도 지진이 발생할 가능성이 있답니다. 기상청에 따르면 디지털 지진계가 도입된 이후로부터 한반도에서 규모 2.0 이상의 지진이 **관측**되는 횟수가 점점 증가하고 있다고 해요.

지진에 대비하기 위해서 어떤 노력이 필요할까요? 국가에서는 건물의 내진 설계에 대한 기준을 강화하고 보다 빠른 지진 예측 시스템을 갖춰야 합니다. 개인이 해야 할 노력도 있어요. 지진에 관심을 가지고 지진 대피 요령을 잘 익히는 것입니다. 지진이 우리가 사는 터전에서 발생할 수도 있다는 사실을 알고 적극적으로 대처해야 해요.

콘텐츠 정리하기

1 콘텐츠 내용을 요약한 문장에 O표를 하세요.

• 지진이 났을 때 대처하는 방법을 알리는 글 ☐

• 최근 달라진 한반도 지진을 설명한 글 ☐

2 지진에 대비하기 위해 해야 할 노력을 글에서 찾아 써 보세요.

국가	
개인	

클릭!
어휘 설명

● **관측(觀測)** 눈으로 보거나 기계로 자연 현상 특히 천체나 기상 상태 등을 관찰해 측정하는 일.

● **내륙(內陸)** 바다에서 멀리 떨어져 있는 육지.

● **여진(餘震)** 큰 지진이 일어난 다음에 얼마 동안 잇따라 일어나는 작은 지진.

콘텐츠 확장하기

▶ 지진 대피 요령을 검색한 다음 써 보세요.

▶ 관련 검색어로 배경지식을 확장해 보세요.

🔍 **단층(斷層)** 🎤 📷   🔍 **내진 설계(耐震 設計)** 🎤 📷

단층은 한 개의 판처럼 되어 있던 지각이 갈라져 어긋난 현상이에요. 지구의 가장 겉면을 이루는 판이 여러 개인데, 판과 판 사이 경계나 단층이 있는 곳에서 지진이 많이 발생해요. 이렇게 지진이 자주 발생하는 지역을 연결하면 띠 모양이 되는데 이를 지진대라고 합니다.

건축물이 지진이나 태풍을 잘 견딜 수 있도록 설계하는 일이에요. 내진 설계는 건물을 짓기 전 건축물 내부의 가로축을 보다 더 튼튼하게 만들어 지진이 발생했을 때 양옆으로 흔들려도 건물이 무너지지 않게 해요. 우리나라 역시 1988년 내진 설계에 대한 법령이 처음 도입되었습니다. 이후 2층 이상, 연면적 200㎡ 이상 건물부터 내진 설계를 하도록 법이 강화되었어요.

관련 동영상

황홀한 우주쇼, 개기일식

개기일식 쇼,
10년 뒤에
공개합니다!

2024년 4월 9일, 멕시코에서 미국과 캐나다에 이르기까지 아주 황홀한 우주쇼가 펼쳐졌어요. 바로 달이 태양을 완전히 가리는 개기일식이 일어난 것이지요.

오늘의 키워드 #부분일식 #개기월식

더 보기

개기일식은 달이 지구와 태양 사이를 지나며 태양 전체를 가리는 현상이에요. 태양, 달, 지구가 일직선으로 **배열**되는 순간 개기일식이 이루어집니다. 개기일식은 달이 지구 그림자에 가려지는 개기월식과 다르게 한 사람이 살아 있는 동안 단 한 번 보기도 어려운 경험이라고 해요. 태양과 달, 지구의 위치가 부분으로 겹치는 경우는 종종 있지만, 완벽히 맞춰 포개어지기는 어렵기 때문이에요. 그래서 한 지역에서 개기일식을 다시 보기 위해서는 짧게는 수십 년, 길게는 수백 년이 걸리기도 한답니다.

지금처럼 과학 지식이 발전하지 않았던 옛날에는 많은 사람이 개기일식을 두려워했어요. 개기일식을 신의 **노여움**이나 경고라고 여겨 불길하게 생각했지요. 하지만 과학이 점차 발전하면서 개기일식이 두려운 현상이 아니라는 것을 깨닫게 되었답니다. 고대 그리스와 중국의 천문학자들은 개기일식을 관찰하고 분석했어요. 그 결과 개기일식이 왜 일어나는 것인지 이해하게 되었고, 언제 개기일식이 일어날 것인지 **주기**를 예측하게 되었죠.

과학 지식이 많이 발전한 요즘에도 개기일식은 여전히 우주의 신비를 느끼게 해 준답니다. 한국천문연구원에 따르면 한반도에서는 2035년 9월 2일에 개기일식을 관측할 수 있다고 해요. 북한 평양과 강원도 고성 등 한반도 북쪽 지방에서 볼 수 있고, 서울에서도 부분일식을 볼 수 있을 것이라고 예상하고 있어요.

콘텐츠 정리하기

① 개기일식이 일어날 때 태양, 달, 지구의 위치가 알맞은 것에 O표를 하세요.

1)

태양　　　달 지구

2)

태양　　　지구 달

**클릭!
어휘 설명**

● **노여움** 분하고 섭섭하여 화가 치미는 감정.

● **배열(配列)** 일정한 차례나 간격에 따라 벌여 놓음.

● **주기(週期)** 같은 현상이나 특징이 한 번 나타나고부터 다음 번 되풀이되기까지의 기간.

② 개기일식에 대한 설명으로 옳은 것은 O, 틀린 것은 X표를 하세요.

1) 한 지역에서 개기일식을 다시 보려면 오랜 시간이 흘러야 한다.

2) 고대 그리스와 중국은 개기일식을 관찰하고 분석해 주기를 예측했다.

3) 2035년, 서울에서 완전한 개기일식을 볼 수 있다.

콘텐츠 확장하기

▶ 개기일식을 관측하기 위한 방법과 준비물을 검색해 써 보세요.

관측 방법	
준비물	

▶ 관련 검색어로 배지식을 확장해 보세요.

🔍 **부분일식**(部分日蝕)　　🎤 📷

일식은 낮에 달이 잠시 동안 태양을 가리는 현상이에요. 부분일식은 태양과 지구 사이에 달이 일직선으로 놓이면서 태양 일부분이 가려져 보이는 현상이랍니다.

🔍 **개기월식**(皆既月蝕)　　🎤 📷

월식은 달이 지구 그림자 속으로 들어가 달이 어둡게 보이는 현상이에요. 개기월식은 태양-지구-달이 일직선에 놓여 달 전체가 지구 그림자 속에 들어가 있는 현상이지요.

관련 동영상

낮만 계속 된다면 어떨까?

백야일 때
살아가는 법 대공개!

하루 종일 해가 뜨지 않고 깜깜한 곳이 있다고 해요. 어떤 나라는 무려 6개월 동안이나 해가 뜨지 않았대요. 하루 종일 해가 뜨지 않다니 무슨 일일까요?

오늘의 키워드 #자전축 #백야가 발생하는 나라

더 보기

아침이 되면 해가 뜨고, 저녁이 되면 해가 지는 일은 무척이나 당연한 자연현상이에요. 그런데 지구의 어떤 곳에서는 하루 종일 해가 떠오르지 않거나 해가 지지 않는 현상이 나타나요. 하루 종일 해가 지지 않아 밤에도 대낮처럼 환한 현상을 '백야', 반대로 하루 종일 해가 뜨지 않아 아침에도 밤처럼 깜깜한 현상을 '극야'라고 합니다.

백야와 극야 현상은 북극, 남극 및 **극지방** 가까운 지역에서 나타나요. 지구의 자전축이 기울어져 있어 이런 현상이 나타난답니다. 우리나라가 여름일 때는 북극과 그 주변 지역이 태양 방향으로 치우치는데, 이때 북극에서는 하루 종일 해가 **지평선** 아래로 내려가지 않아 밤에도 대낮처럼 밝은 백야 현상이 생기는 거예요. 동시에 남극에서는 하루 종일 태양이 지평선 위로 떠오르지 않아 깜깜한 극야 현상이 생기는 것이지요. 백야나 극야가 발생하는 나라의 사람들은 어떻게 생활할까요? 하루 종일 밝거나 어두운 상태만 지속되기 때문에 잠을 자기 힘들다고 해요. 백야가 지속되는 곳에서는 잠을 잘 잘 수 있도록 수면 안대나 **암막** 커튼을 이용해 잠을 자요. 또 극야가 지속되는 곳에서는 인공적인 빛을 이용해 어두운 곳에서도 생활할 수 있도록 적응하지요.

이처럼 백야와 극야로 인해 생활에 여러 어려움이 생기기도 하지만 백야와 극야는 지구와 우주의 **경이**로움을 직접 느낄 수 있는 신기하고도 아름다운 현상이랍니다.

콘텐츠 정리하기

1 백야와 극야란 무엇인지 써 보세요.

• 백야:

• 극야:

2 문장에 알맞은 어휘를 찾아 연결해 보세요.

1) 극지방 •

2) 지평선 •

3) 암막 •

4) 경이 •

• 해가 ( ) 아래로 떨어지자 어두워졌다.

• 햇빛을 차단하기 위해 ( ) 양산을 썼다.

• ( )에서는 가장 더운 달에도 기온이 10℃정도이다.

• 과학 기술 발전에 ( )로움이 느껴진다.

클릭! 어휘 설명

● **경이(驚異)** 놀랍고 신기하게 여김. 또는 그럴 만한 일.

● **극지방(極地方)** 남극과 북극을 중심으로 한 그 주변 지역.

● **암막(暗幕)** 빛이 들어오는 것을 막고 방 안을 어둡게 하기 위해 둘러치는 검은 막.

● **지평선(地平線)** 편평한 땅 끝과 하늘이 맞닿아 경계를 이루는 선.

콘텐츠 확장하기

▶ 백야 현상을 겪는 나라의 친구에게 하고 싶은 말을 써 보세요.

▶ 관련 검색어로 배경지식을 확장해 보세요.

🔍 자전축(自轉軸)　　🎤 📷　　🔍 백야가 발생하는 나라

우주의 많은 천체(우주에 있는 모든 물체)는 둥근 공처럼 생겼어요. 둥근 천체 한 가운데 보이지 않는 중심을 기준으로 회전하는데 이것을 자전이라고 해요. '자전'은 스스로 구른다는 뜻이지요. 자전의 중심이 되는 축을 자전축이라고 하며 한 바퀴 도는 데 걸리는 시간을 자전 주기라고 한답니다.

백야는 북반구에서 5~8월 사이, 남반구에서는 11월~2월 사이에 나타나요. 백야 현상이 발생하는 나라는 노르웨이, 스웨덴, 핀란드, 러시아, 캐나다, 알래스카 등이 있으며 이곳에서도 일부 지역에서만 백야가 발생해요. 백야 현상을 체험하기 위한 관광객도 많답니다.

관련 동영상

2장

인기 급상승 콘텐츠

사회·역사

무인점포 미담, 디즈니 캐스팅 논란, 저출산 같은
사회 이슈부터 조선 시대 크리에이터, 아프리카
국경선이 반듯한 이유를 알 수 있는 역사 이슈까지
사회·역사 콘텐츠로 배경지식을 넓혀 보세요.

히잡에 불을 붙이다!

우리에게
자유를!

전통이란 이름으로
강요하지 마세요!

> ◇ 이란 테헤란 북쪽에
> 여성이 주를 이루는 시위대
> 가 나타났습니다. 여성들이
> 히잡에 불을 붙이자 많은
> 군중이 환호했어요. 이들
> 은 왜 히잡에 불을 붙였을
> 까요? ◇

오늘의 키워드 #이슬람 복장 #코란

더 보기

　　여러분은 히잡에 대해 알고 있나요? 히잡은 '가리다, 숨기다'라는
뜻의 아랍어 하자바(Hajaba)에서 유래된 말로 이슬람 국가 여성의
전통 복장 가운데 하나예요. 머리카락과 목을 가리는 모양새로 순결을 강조하는 이
슬람 복장이랍니다. 이슬람 **경전**인 코란에서도 히잡에 관한 내용이 나와 있어요. 그
만큼 히잡은 이슬람 문화권에서 오랜 전통을 가지고 있지요.

　　그런데 이란 여성들이 왜 히잡에 불을 붙이게 되었을까요? 1979년 이슬람 **혁명** 이
후, 본래 있던 왕조가 무너졌고 이란에서는 이슬람 **율법**이 엄격해졌어요. 사실 혁명
전 이란에서는 히잡 착용이 의무가 아니었어요. 히잡을 착용하기도 했지만, 여성들은
짧은 치마 등 다양한 복장을 자유로이 선택해 입었어요. 하지만 혁명 이후 여성들은
공공장소에서 무조건 히잡을 착용해야만 했어요. 도덕 경찰들은 여성들이 율법을 따
르는지 감시하고 단속하기까지 했답니다.

　　어느 날, 이란의 테헤란에 사는 20대 여성인 마사흐 아미니가 히잡을 제대로 착용
하지 않은 혐의로 경찰에 체포당했다가 의문스럽게 죽었어요. 아미니는 평소 병이 없
는 상태로 건강했고, 경찰 체포 이후 갑자기 죽었기 때문에 사람들은 아미니가 경찰
의 지나친 심문 때문에 죽었다고 생각했지요. 시위대는 히잡을 강제적으로 착용하게
하고 이를 감시하는 것은 인권을 무시하는 것이라 말하며, 아무리 전통일지라도 여성
의 선택에 따라 자유롭게 쓸 수 있도록 해야 한다고 주장했어요.

 **콘텐츠 정리하기**

1 히잡에 대한 설명으로 옳은 것은 O, 틀린 것은 X표를 하세요.

1) 이슬람 여성들은 혁명 전에도 항상 히잡을 착용했다. ☐

2) 시위대는 히잡을 여성의 선택에 따라 자유롭게 쓸 수 있어야 ☐
   한다고 주장했다.

2 빈칸에 알맞은 어휘를 골라 써 보세요.

> 율법, 경전, 혁명

1) 종교에는 신의 뜻을 따르기 위한, 규범인 (   )이 있다.

2) 기독교의 (   )은 성경이고, 이슬람교는 코란이다.

3) 군사정권이 길어지자 시민이 (   )을 일으켰다.

클릭! 어휘 설명

● **경전(經典)** 종교에서 창시자의 생각이나 지켜야 할 규칙 들을 기록한 책.

● **율법(律法)** 종교, 사회, 도덕적 생활과 행동에 관해 신의 이름으로 정한 규범.

● **혁명(革命)** 헌법을 벗어나 제도나 조직을 근본적으로 고치는 일. 또는 그를 위해 새로운 것을 급격하게 세움.

콘텐츠 확장하기

▶ 히잡 시위대에게 한 줄 댓글을 써 보세요.

_____

▶ 관련 검색어로 배경지식을 확장해 보세요.

🔍 이슬람 복장

이슬람교를 믿는 사람을 무슬림이라고 해요. 무슬림 여성에게는 크게 네 가지 복장이 있어요. 눈은 망사로 가린 채 머리부터 발끝까지 천으로 감싼 부르카, 눈만 드러내고 머리와 몸을 다 감싸는 니캅, 얼굴만 내놓고 머리부터 발끝까지 가리는 차도르가 있지요. 히잡은 얼굴만 내놓은 채 머리와 어깨를 가리는 긴 천이에요.

🔍 코란(Koran) 🎤 📷

기독교의 성경책, 불교의 불경처럼 이슬람교가 따르는 경전이에요. 교주인 마호메트가 천사 가브리엘을 통해 받은 알라의 계시 내용과 계율 따위가 기록됐어요.

관련 동영상

대형 마트 휴무, 다시 예전으로?

대형 마트, 쉴까? 말까!

> 2024년까지 주말에 대형 마트에 가려면 마트가 쉬는 날인지 확인해야 했습니다. 그런데 앞으로는 대형 마트가 의무로 쉬어야 하는 '의무 휴업일'을 폐지할 거라고 합니다!

오늘의 키워드 #전통 시장 #의무 휴업일

더 보기

정부는 2024년 1월 '국민과 함께하는 민생토론회'에서 국민이 주말에도 원활하게 장을 볼 수 있도록 대형 마트 의무 휴업일을 폐지한다고 발표했어요.

대형 마트가 주말에 문을 열 수 없도록 한 의무 휴업일 제도는 2012년에 도입되었습니다. 당시에는 대형 마트의 점포 수가 빠르게 증가하고 있었는데, 이에 따라 전통 시장이나 **소상공인**이 운영하는 동네 마트 상권이 위협받았고, 마트에서 근무하는 노동자들은 주말에도 쉴 수가 없었습니다. 때문에 정부는 지역 상권을 살리고 마트 노동자들의 휴식권을 보장하기 위해 대형 마트 주말 의무 휴업을 지정했던 것이지요.

그렇다면 약 10년이 넘은 지금, 대형 마트 의무 휴업일을 다시 폐지하는 까닭은 무엇일까요? 첫째, 의무 휴업일이 전통 시장에 미치는 효과가 생각보다 크지 않은 것으로 밝혀졌기 때문이에요. 조사에 따르면 2013년 1,502곳이었던 전통 시장이 2022년 1,388곳으로 줄어 의무 휴업으로 인한 전통 시장 활성화 효과가 **미미**한 것을 알 수 있어요.

둘째, 대형 마트도 온라인 **유통업**의 성장으로 점포 수가 줄었어요. 대형 마트가 규제받는 동안 온라인 쇼핑 비중이 많이 늘어나 대형 마트 **매출액**이 줄어들었고 문을 닫는 매장들도 늘었습니다. 결국 과거에는 전통 시장과 대형 마트 대결 구도였다면 이제는 온라인 유통업과 오프라인 유통업의 대결 구도가 되어 버린 셈이지요.

콘텐츠 정리하기

① 왼쪽 글을 읽고 빈칸에 알맞은 글을 써 보세요.

의무 휴업일을 도입했던 이유	의무 휴업일을 폐지하는 이유

② 빈칸에 알맞은 어휘를 골라 써 보세요.

> 소상공인, 매출액, 유통, 미미

1) 오늘은 장사가 잘되어 (   )이 높다.

2) 지역 경제 활성화를 위해 (   )의 세금을 감면하기로 했다.

3) 과일의 (   ) 과정을 줄이면 가격이 줄어들 수 있다.

4) 자연재해 앞에 인간이 만든 것은 (   )했다.

콘텐츠 확장하기

▶ 대형 마트 의무 휴업일에 대한 생각을 한 줄 댓글로 써 보세요.

▶ 관련 검색어로 배경지식을 확장해 보세요.

🔍 전통 시장(傳統 市場) 🎤 📷

여러 상품을 파는 가게가 한자리에 모여 있는 곳이에요. 오래 전부터 지역에서 자연스럽게 만들어진 곳도 있고, 필요에 의해 만들어진 곳도 있어요.

🔍 의무 휴업일 🎤 📷

전통 시장과 지역 상권을 살리고 노동자들의 휴식권 보장을 위해 대형 마트가 한 달에 두 번 의무적으로 쉬기로 한 날이에요.

관련 동영상

클릭! 어휘 설명

● **매출액(賣出額)** 물건을 내다 팔아서 생긴 총액.

● **미미하다(微微하다)** 보잘것없이 아주 작다.

● **소상공인(小商工人)** 근로자 수가 다섯 명 이하인 사업체를 경영하는 사업자.

● **유통(流通)** 상품 따위가 생산자에서 소비자, 수요자한테 닿기까지 여러 단계에서 교환되거나 나뉘는 활동.

● **의무(義務)** 규범에 의해 부과되는 부담이나 구속. 내용에 따라 작위 의무와 부작위 의무로, 법 규범의 종류에 따라 공법상 의무와 사법상 의무로 나뉜다.

무인점포, 당신의 양심을 믿습니다

사장님이 지켜보고 있다!

요즘 우후죽순 늘고 있는 무인점포! 그런데 무인점포에서 절도하거나 노숙하는 등의 문제가 발생해 경찰 출동이 늘고 있다고 합니다.

오늘의 키워드   #무인점포 #미담

더 보기   최근 거리를 둘러보면 무인점포가 많이 보여요. 옷 가게, 카페, 빨래방, 문구점, 동물 용품 가게, 아이스크림 가게, 꽃집 등 **업종**도 다양하답니다. 무인점포는 키오스크로 결제하기 때문에 계산원 **인건비**를 아낄 수 있어요. 또한 24시간 운영이 가능해서 밤부터 새벽 시간까지 매출을 얻을 수 있습니다.

그런데 직원이 늘 있는 게 아니다 보니 여러 가지 문제가 발생하고 있어요. 최근 충남경찰청 발표에 따르면 무인점포에서 발생한 범죄는 2021년 914건에서 2023년 998건으로 84건이나 증가했다고 합니다. 무인점포 범죄의 대부분은 절도지만 피해 금액이 적고 **피의자**가 대체로 10대라는 점 때문에 처벌이 쉽지 않다고 합니다. 그래서 범죄가 다시 발생하는 일이 자주 있어요. 그러니 무인점포 주인들은 피해를 입어도 보상받기가 어려워요.

그렇지만 무인점포에서 훈훈한 미담이 전해질 때도 있답니다. 다른 사람이 쏟은 음료수 때문에 엉망이 된 매장 안을 기꺼이 치우는 손님이 있는가 하면, 주인 잘못으로 터무니없이 낮게 매겨진 가격을 이상하게 여긴 손님이 동전 버튼을 여러 번 눌러 제값으로 계산한 사례도 있지요. 이들은 자신의 양심을 지키며 올곧게 행동하였고, 이런 소식을 접한 누리꾼들은 칭찬을 아끼지 않았어요.

여전히 무인점포의 절도를 막을 확실하고 뚜렷한 방법은 없지만 모든 손님이 자신의 양심을 따른다면 무인점포 범죄를 줄일 수 있지 않을까요?

 콘텐츠 정리하기

1 콘텐츠 내용을 요약한 문장에 O표를 하세요.

- 무인점포 범죄를 막기 위해 경찰을 투입하자는 글 ☐

- 무인점포를 이용할 때 양심에 따라 행동하자는 글 ☐

2 무인점포의 장점을 써 보세요.

_____

3 무인점포에서 발생하는 범죄를 처벌하기 어려운 이유는 무엇인지 써 보세요.

_____

_____

⋟클릭!⋞
어휘 설명

- **업종(業種)** 직업이나 영업의 종류.

- **인건비(人件費)** 사람을 부리는 데 드는 비용.

- **피의자(被疑者)** 범죄 혐의와 사건은 있지만, 아직 재판 청구가 되지 않은 사람.

콘텐츠 확장하기

▶ 여러분이 무인점포 사장이라면 범죄 예방을 위해 가게에 어떤 문구를 붙여 놓을지 써 보세요.

_____

_____

▶ 관련 검색어로 배경지식을 확장해 보세요.

🔍 무인점포(無人店鋪) 🎤📷

인건비와 운영비가 적게 드는 무인점포가 우후죽순 생기고 있어요. 처음에는 아이스크림을 파는 무인점포가 많았지만 요즘은 카페, 문구점, 밀키트 가게 등 종류도 다양해지고 있어요. 아이스크림 다음으로 많은 무인점포는 세탁소예요.

🔍 미담(美談) 🎤📷

세상이 각박해질수록 사람들은 감동을 주는 아름다운 이야기를 원해요. 특히 연예인이나 유명인이 남들 모르게 좋은 일을 했다가 뒤늦게 알려지면 '미담 제조기'라는 찬사를 보내기도 한답니다.

관련 동영상

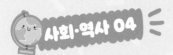

범죄자 얼굴, 공개해야 할까?

가해자 인권과
국민 알 권리 사이

텔레비전에 나오는 강력 범죄자들! 예전에는 얼굴을 가리고 나왔지만 이제는 얼굴을 가려도 소용이 없다고 합니다. 범죄자 신상 공개에 대해 알아보아요.

오늘의 키워드 #법제처 #알권리

더 보기

　　법제처가 2024년 1월부터 '특정중대범죄 신상공개법'을 시행한다고 발표했어요. 이전까지는 특정 강력 범죄와 성폭력 범죄에 한해 신상을 공개했는데요. 이제는 폭발물을 사용한 범죄, 아동 대상 성범죄, 마약 범죄까지도 신상 공개 범위를 넓힌다고 합니다. 범죄자의 동의 여부와 관계없이 수사기관이 '**머그샷**'을 공개할 수도 있다고 하니, 이제 위에 해당하는 범죄를 저지르면 꼼짝없이 국민들에게 얼굴이 알려지게 되지요.

　　신상 공개 제도는 2010년에 정식으로 도입되었어요. 국가나 사회에 중대한 피해를 입힌 범죄자 신상을 공개해 범죄를 예방하고, 일반 국민에게 **경각심**을 주는 한편 시민의 알권리를 위해 도입된 것이지요. 하지만 당시 언론에서 무분별하게 범죄자 신상을 공개하다 보니 범죄자의 인권도 보호해야 한다는 목소리가 높아졌어요. 범죄자 신상이 노출되면서 범죄자의 가족이 비난받거나 위협받는 일이 늘었기 때문이지요. 또한 아직 죄가 확정되지 않은 피의자 얼굴도 노출되다 보니 신상 공개가 가혹하다는 **여론**이 생기기도 했습니다.

　　범죄자 신상 공개는 국민의 알권리와 범죄 예방이라는 긍정적 **측면**, 범죄자의 인권 침해라는 부정적 측면이 얽혀 있어 아주 복잡한 문제예요. 때문에 사회 구성원이 앞으로도 충분히 논의 해야 할 중요한 문제이기도 하지요. 이번에 시행될 특정중대범죄 신상공개법이 긍정적 효과를 거둘 수 있을지 두고 봐야겠지요?

① 범죄자 신상 공개의 긍정적 측면과 부정적 측면을 써 보세요.

긍정적 측면	부정적 측면

② 빈칸에 알맞은 어휘를 골라 써 주세요.

> 여론, 경각심, 측면

1) 음주 운전에 대한 (   )을 일으키기 위해 광고를 설치했다.

2) 물의를 일으킨 아이돌에 대한 비판적 (   )이 생기고 있다.

3) 교육적 (   )에서 부모가 자녀 앞에서 싸우는 것은 옳지 않다.

▶ 범죄자 신상을 공개해야 하는지 자신의 생각을 써 보세요.

▶ 관련 검색어로 배경지식을 확장해 보세요.

🔍 법제처(法制處) 🎤 📷
국회에서 논의할 법과 조약 등 여러 가지 법제를 관리하는 곳이에요. 각 부처에서 낸 법령 안에 법에 어긋나는 것은 없는지, 표현 방식은 적절한지 심사하고 국민이 어렵다고 느끼는 법을 쉽게 고치는 일도 다루고 있답니다.

🔍 알권리(알權利) 🎤 📷
국민은 국가가 어떤 일을 하고 있으며 국가가 관리하는 정책에 관한 정보를 자유롭게 알아야 할 권리가 있어요. 이를 줄여서 '알권리'라고 해요. 요즘은 시청자, 노동자 등 다양한 계층에서 알권리를 쓰고 있어요.

> 클릭! <
어휘 설명

● **경각심(警覺心)** 정신을 차리고 주의 깊게 살피어 경계하는 마음.

● **머그샷(Mug shot)** 체포된 범인을 촬영한 사진을 말하는 은어. 폴리스 포토그래프(Police Photograph), 피의자 사진 공개제도가 정식 명칭임.

● **여론(輿論)** 사회 구성원 중 많은 사람의 공통된 의견.

● **측면(側面)** 사물의 현상이나 한 부분.

관련 동영상

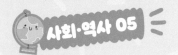

사회·역사 05

만화 속 공주가 흑인이라고?

차별을 없애요!

인종차별일까, 원작 지킴이일까?

◇ 디즈니 애니메이션 인어공주 원작이 34년 만에 실사 영화로 개봉했습니다. 그런데 영화 개봉 전인 캐스팅 단계부터 논란이 있었다고 합니다. 과연 무슨 일일까요? ◇

오늘의 키워드 #인종차별 #포용 👍👎

더 보기 디즈니 애니메이션 <인어공주>에서는 붉고 탐스러운 머리에 빛나도록 흰 피부를 뽐내는 백인 인어공주 애리얼이 등장합니다. 많은 사람이 인어공주 하면 디즈니 애니메이션 주인공을 떠올리지요. 디즈니에서 <인어공주> 애니메이션을 34년 만에 **실사화**하기로 결정했고, 팬들은 무척 기대했어요. 그런데 인어공주 역에 흑인 배우를 캐스팅하자 팬들의 **반발**이 무척 심했답니다.

디즈니의 캐스팅 논란은 흑인 인어공주 외에도 흑인 팅커벨, 라틴계 백설공주 때도 이어졌습니다. 디즈니 측은 편견 없는 캐스팅을 통해 인종차별을 없애고, 다양한 **소수자**를 포용하며 더 많은 대중을 만족시키려 했다고 주장했습니다. 기존의 영화가 서양인, 백인, 남성 중심으로 이야기가 구성되어 왔기 때문에 소수자의 다양성과 차별 없는 세상을 만들기 위한 노력의 하나로 다양한 인종의 캐스팅을 시도한 것이라고 설명했어요. 이렇게 차별을 줄이려는 의도적인 노력을 '정치적 올바름(PC주의)'이라고 해요.

하지만 팬들의 입장은 조금 다릅니다. 흑인 인어공주를 반대하는 이유가 차별 때문이 아니라고 주장해요. 인종이 싫어서가 아니라 어린 시절 인어공주와 관련된 추억 모두가 **훼손**되는 것이 문제라고 지적합니다. 안데르센의 원작에서도 애리얼이 하얀 피부에 빨간 머리를 지녔다고 묘사된 만큼 원작 속 애리얼을 억지스럽게 바꾼 점이 문제라는 것이지요. 여러분 생각은 어떤가요?

콘텐츠 정리하기

1 본문에 대한 설명으로 옳은 것은 O, 틀린 것은 X표를 하세요.

1) 디즈니 애니메이션 <인어공주>가 34년 만에 실사화됐다.

2) 차별을 줄이려는 의도적인 노력을 '정치적 올바름'이라고 한다.

3) 영화 팬들은 인종차별 때문에 흑인 캐스팅을 반대했다.

2 빈칸에 알맞은 어휘를 골라 써 보세요.

> 반발, 실사화, 소수자

1) 웹툰을 원작으로 한 영화가 (　　　　　)된다.

2) 정부가 정책을 발표하자 야당이 (　　　　　)했다.

3) 여성, 어린이 등의 (　　　　　)를 차별하면 안된다.

클릭! 어휘 설명

● **소수자(少數者)** 적은 수의 사람.

● **실사화(實寫化)** 만화나 애니메이션 따위의 원작을 바탕으로 영화 또는 드라마로 실제 촬영함.

● **반발(反撥)** 어떤 상태나 행동 따위에 대하여 거스르고 반항함.

● **훼손(毀損)** 헐거나 깨뜨려 못 쓰게 만듦.

콘텐츠 확장하기

▶ 여러분은 흑인 인어공주를 어떻게 생각하는지 써 보세요.

▶ 관련 검색어로 배경지식을 확장해 보세요.

🔍 **인종차별(人種差別)** 🎤 📷

처음에는 피부색에 대한 차별을 말하는 단어였지만 지금은 특정 국가나 지역, 성별 등을 차별하는 단어가 되었어요.

🔍 **포용(包容)** 🎤 📷

남을 너그럽게 감싸 주거나 받아들인다는 뜻이에요. 사람들이 갈등이나 혐오 대신 서로 이해하고 포용하면 세상이 조금 더 살기 좋아질 거예요.

관련 동영상

굿바이 어린이집? 헬로 요양원!

어린이가 사라진 세상

> 미국 방송 CNN에서 '굿바이 어린이집, 헬로 요양원'이라는 제목으로 한국의 저출산 문제를 보도했어요. 어린이가 사라지는 세상은 어떻게 될까요?

오늘의 키워드　#저출산 #고령화

더 보기　어린아이의 해맑은 노랫소리가 들리던 자리에 어르신들의 구성진 트로트 소리가 들려옵니다. 출산율 감소로 어린이가 줄면서 어린이집 운영이 어려워지자, 어린이집을 **요양원**으로 바꾸었기 때문입니다. 뿐만 아니라 결혼을 꺼리는 인구가 늘면서 부산의 한 예식장은 운영한 지 10년 만에 장례식장으로 간판을 바꿔 달았습니다.

이런 상황을 두고 미국 방송사 CNN은 한국이 '세계에서 가장 빠른 고령화와 저출산 문제를 겪고 있다고 설명했습니다. 사실 저출산, 고령화 문제는 한국뿐만 아니라 여러 나라가 공통으로 겪는 문제예요. 하지만 우리나라의 저출산 문제는 선진국이 모여 있는 **경제협력개발기구**인 OECD 국가 가운데서도 매우 심각한 편이에요. 조사에 따르면 우리나라 출산율은 0.78명으로 조사 대상 38개국 중 가장 낮은 수치랍니다. 이대로 가다 보면 어떤 문제가 생길까요? 저출산, 고령화는 일할 수 있는 노동인구를 감소시켜요. 일하는 사람이 줄면 기업의 생산도 줄고, 수입이 줄어드니 소비도 줄어 경제성장이 더딜 수밖에 없어요. 반대로 늘어나는 노인 인구를 나라에서 **부양**해야 하는데 돈을 낼 사람은 적으니 한 명당 내야 할 복지 비용이 증가하게 됩니다.

현재 정부는 저출산 문제를 극복하기 위해 여러 대책을 마련하고 있지만 **실효성**이 있는 정책은 아직 부족한 상황이랍니다. 저출산 문제를 해결하려면 어떻게 해야 할지 곰곰이 생각해 보세요.

 **콘텐츠 정리하기**

① **저출산에 대한 설명으로 옳은 것은 O, 틀린 것은 X표를 하세요.**

1) 출산율이 줄어 어린이집이 요양원으로 바뀌는 경우가 생겼다. ☐

2) 저출산, 고령화는 경제를 더욱 성장하게 한다. ☐

3) 정부의 저출산 정책이 효과를 나타내고 있다. ☐

② **저출산으로 인한 문제점이 아닌 것을 고르세요. (   )**

① 노동인구 감소   ② 빠른 고령화

③ 노키즈존 감소   ④ 복지 비용 증가

경제협력개발기구(經 濟協力開發機構, OEC D) 경제 성장, 개발도 상국 원조 등을 목적 으로 1961년에 설립 된 기구. 현재 선진국 38개 국가가 가입되 어 있으며, 우리나라 는 1996년에 가입함.

부양(扶養) 생활 능력 이 없는 사람의 생활 을 돌봄.

실효성(實效性) 실제 로 효과를 나타내는 성질.

요양(療養) 쉬면서 병 을 치료함.

콘텐츠 확장하기

▶ **저출산으로 인한 문제점과 해결책을 조사한 뒤 써 보세요.**

	문제점	해결책
저출산		
고령화		

▶ **관련 검색어로 배경지식을 확장해 보세요.**

🔍 저출산(低出産) 🎤 📷	🔍 고령화(高齡化) 🎤 📷
요즘은 저출생이라고 해요. 출생율이 낮은 현상이지요. 출생율을 높이기 위해서는 사회 각 분야가 서로 이해하고 협력해야 해요.	통계청과 유엔(UN)에 따르면 우리나라는 2025년 노인 인구 비율이 20퍼센트를 넘어서며 초고령 사회에 진입할 것으로 예상하고 있어요. 농촌은 이미 고령화 현상이 두드러지고 있답니다.

관련 동영상

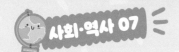

조선 시대에도 크리에이터가 있었다?

조선 시대 원조 인싸 전기수

◇ 초등학생 장래희망 5위 안에 크리에이터가 있다고 해요. 그런데 조선 시대에도 오늘날처럼 사람들에게 이야기를 전하고 돈까지 버는 크리에이터가 있었다는 사실 알고 있나요?

오늘의 키워드 #크리에이터 #요전법

더 보기

조선 시대에도 대중에게 즐거운 이야깃거리를 전하며 돈을 버는 직업이 있었어요. 조선 시대 크리에이터의 정체는 바로 '전기수(傳奇叟)'랍니다. 전기수는 말 그대로 이야기를 전해 주는 사람이라는 뜻이에요.

조선 후기에는 한글 소설이 발달했어요. 하지만 지금처럼 책을 만드는 것이 쉽지 않아 일반 서민은 책을 구하기 어려웠답니다. 또한 한글을 배우지 못하는 사람도 많았어요. 그래서 소설 내용을 서민에게 **낭독**해 주는 전기수라는 직업이 생겼지요.

전기수는 사람이 많이 오가는 시장 길목에서 <홍길동전>, <춘향전>, <심청전> 등의 소설을 낭독했어요. 사람들의 눈길을 끌기 위해 실감 나는 연기도 덧붙였지요. 그러다가 긴장감이 느껴지는 중요한 **대목**에서 일부러 이야기를 딱 멈추었어요. 이야기를 더 듣고 싶은 사람들은 전기수에게 엽전(돈)을 주었고, 그제야 목청을 가다듬으며 다음 이야기를 전해 주었다고 해요. 이렇게 중요한 대목에서 이야기를 끊는 낭독법을 '요전법'이라고 합니다.

전기수의 훌륭한 낭독과 관련해 여러 **일화**가 전해지는데요. 어떤 전기수가 <임경업전>에서 주인공을 죽이는 김자점 연기를 하고 있었는데, 전기수의 실감 나는 연기에 너무 몰입한 한 **청중**이 "네 이놈! 네 놈이 바로 김자점이렸다!"하고 고함을 치며 전기수를 죽인 어처구니 없는 일이 있었답니다.

여러분도 전기수의 실감 나는 연기, 궁금하지 않나요?

콘텐츠 정리하기

클릭!
어휘 설명

1 전기수에 대한 설명으로 옳은 것은 O, 틀린 것은 X표를 하세요.

1) 조선 시대 전기수는 오늘날 크리에이터와 비슷한 역할을 했다. ☐

2) 돈을 벌기 위해 중요한 대목에서 일부러 이야기를 끊었다. ☐

2 빈칸에 알맞은 어휘를 골라 써 보세요.

> 낭독, 일화, 청중, 대목

1) 감독이 영화를 촬영하던 도중 재밌었던 ( )를 공개했다.

2) 국어 책을 ( )하는 친구의 목소리가 훌륭하다.

3) 홍길동이 나라를 세우는 ( )은 감동이었다.

4) 가수가 노래를 시작하자 ( )이 열광했다.

- **낭독(朗讀)** 글을 소리 내어 읽음.

- **대목** 이야기나 글 따위의 특정한 부분.

- **일화(逸話)** 세상에 널리 알려지지 않은 흥미 있는 이야기.

- **청중(聽衆)** 강연이나 설교, 음악 따위를 듣기 위해 모인 사람들.

콘텐츠 확장하기

▶ 실감 나는 연기를 한 전기수에게 한 줄 댓글을 써 보세요.

▶ 관련 검색어로 배경지식을 확장해 보세요.

🔍 크리에이터(Creator) 🎤 📷

만드는 사람이란 뜻이에요. 감독, 작가, 게임 개발자 등 새로운 콘텐츠를 만드는 사람을 가리켜요. 요즘은 유튜브나 인터넷 라이브 방송을 하는 사람을 가리키는 말로 쓰여요.

🔍 요전법(邀錢法) 🎤 📷

요전은 '돈을 맞이하다'라는 뜻이에요. 청중의 호기심을 자극하는 상술이었어요. 요전법의 원리는 오늘날 텔레비전 프로그램이나 동영상 콘텐츠에서도 쓰이고 있어요. 한창 재미있는 장면에서 광고를 내보내는 것도 요전법이에요.

관련 동영상

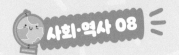
금이 된 사과의 속사정

사과값, 사과하겠습니다 ……

20,000원

> ♦ 요즘 사과값이 금값이라 여겨질 정도로 비싸서 '금사과'라고 하는데요. 소비자들은 사과값이 비싸서 구매를 꺼린다고 해요. 국민 과일이라고 불리었던 사과가 비싸진 이유는 무엇일까요?

오늘의 키워드   #특산물

더 보기

요즘 사과값이 금값입니다. 서울의 한 백화점에서는 한 개에 2만 원에 달하는 사과도 등장했다고 해요. 이렇게 사과값이 하늘 높은 줄 모르고 오른 것은 사과 생산량이 줄었기 때문이에요. 2023년 국내에서 생산된 사과 생산량은 39만 4천 톤으로 전년보다 30퍼센트가량 줄었습니다. 사과 생산량이 줄어든 원인은 무엇일까요?

기후변화로 이전보다 봄철 날씨가 일찍 따뜻해지면서 사과꽃 **개화** 시기가 앞당겨졌어요. 그런데 사과꽃이 피고 한 번이라도 서리가 내리면 **냉해**로 꽃이 다 얼어 죽는다고 합니다. 사과꽃이 죽으면 사과 열매도 열리지 않아요. 냉해 피해는 2022년을 제외하고 5년간 이어졌어요. 특히 2023년은 봄철 냉해와 여름철 **집중호우**, 탄저병까지 겹쳐 생산량이 크게 줄었다고 합니다.

비싼 사과를 사는 소비자도 걱정이겠지만 사과를 재배하는 농민들의 걱정은 이만저만이 아닙니다. 특히 사과가 지역 특산물인 경북 문경 농민들은 저조한 생산량에 한숨이 늘었어요.

경상북도청은 농민들의 사과 생산량을 늘리기 위해 농작물 재해 대비책을 제시했습니다. 냉해 피해를 막기 위한 농가 비상 연락망을 구축하는 한편 농작물에 따뜻한 바람을 공급하는 열풍 방상팬을 보급하기로 했어요. 또한 사과의 소비자 가격 인상을 막기 위해 중간 **이윤**을 줄이는 방법도 연구하겠다고 밝혔습니다.

 **콘텐츠 정리하기**

클릭!
어휘 설명

① 사과에 대한 설명으로 옳은 것은 O, 틀린 것은 X표를 하세요.

1) 기후변화로 사과꽃이 피는 개화 시기가 앞당겨졌다. ☐

2) 냉해 피해를 입은 사과나무에도 사과가 열린다. ☐

3) 경상북도청에서는 사과 생산량을 늘리기 위해 농작물 재해
   대비책을 제시했다. ☐

② 빈칸에 알맞은 어휘를 골라 써 보세요.

> 집중호우, 이윤, 개화, 냉해

1) 올해 벚꽃 (   ) 시기가 늦어져 벚꽃 축제 일정이 변경됐다.

2) 겨울철 베란다에 내놓은 식물이 (   )를 입어 잎이 다 얼었다.

3) 기업은 (   )을 남기기 위해 일하는 조직이다.

4) 장마철에 발생하는 (   )에 대비해 지하차도를 미리 점검했다.

- **개화(開花)** 풀이나 나무의 꽃이 핌.

- **냉해(冷害)** 여름철의 이상 저온이나 일조량 부족으로 농작물이 자라는 도중에 입는 피해.

- **이윤(利潤)** 장사 따위를 하여 남은 돈.

- **집중호우(集中豪雨)** 어느 한 지역에 집중적으로 내리는 비.

콘텐츠 확장하기

▶ 정부에서 사과값 안정을 위해 외국 사과를 수입한다고 해요. 사과 수입에 대한 생각을 써 보세요.

▶ 관련 검색어로 배경지식을 확장해 보세요.

🔍 특산물(特産物)   🎤 📷

어떤 지역에서 나는 유명한 생산물을 특산물이라고 해요. 특히 땅이나 기후 때문에 특정 지역에서만 나는 특산물들이 있지요. 대구와 문경은 사과, 제주도는 귤, 영덕은 대게가 특산물이에요. 하지만 기후변화로 인해 특산물도 점차 바뀌고 있답니다.

관련 동영상

아프리카 국경이 반듯한 이유

아프리카 국경 왜 이래?

지도를 펼쳐 각 나라의 모양을 자세하게 살펴보면 나라마다 땅덩어리가 있는 위치, 크기 모양이 구불구불 제각각이에요. 그런데 아프리카만 자로 잰 듯 반듯하지요. 왜 그럴까요?

오늘의 키워드 #베를린 회담 #식민지

더 보기

세계지도를 펼쳐 여러 나라의 국경선을 살펴본 적이 있나요? 국경선은 각 나라의 영토를 구분해 주는 선이에요. 나라의 경계가 산맥이나 강 등의 자연적인 지형으로 인해 정해지는 경우가 많아 국경선은 대부분 불규칙한 형태를 띠고 있어요. 하지만 아프리카 대륙의 국경선은 이상하리만큼 자로 잰 것처럼 반듯합니다. 실제로 아프리카 국경선은 **인위적**으로 **분할**되었기 때문에 반듯할 수밖에 없어요.

19세기 아프리카는 유럽 국가의 침략을 받아 식민지가 된 나라가 많았어요. 유럽인들은 아프리카에 묻혀 있는 금, 다이아몬드 등을 비롯한 천연자원을 **약탈**했습니다. 그리고 아프리카 대륙 흑인들을 잡아다가 노예로 팔아 돈을 버는 등 아프리카에 여러 피해를 주었답니다. 여러 강대국이 아프리카에 더 많은 식민지를 가져 경제적인 이득을 얻으려고 했어요. 심지어 1884년, 독일 베를린 회담에서는 아프리카 대륙을 효율적으로 **점령**하기 위해 식민 지배에 대한 원칙을 세우기도 했어요.

이 과정에서 아프리카를 나눌 때에 아프리카 원주민의 사정은 전혀 고려되지 않았습니다. 아프리카에는 수많은 부족이 있었는데 이들 부족은 서로 다른 전통과 언어, 문화를 가지고 독립적으로 생활하고 있었어요. 하지만 강대국들은 아프리카의 지리적, 문화적, 사회적 특성을 고려하지 않고 국경을 자로 잰 듯 나누어 버렸답니다. 이러한 이유로 아프리카는 풍부한 자원이 있음에도 발전이 더디고 내전이 잦아졌어요.

 콘텐츠 정리하기

1 아프리카 국경선이 반듯한 이유를 써 보세요.

_____

2 아프리카 국경선에 대한 설명으로 옳은 것은 O, 틀린 것은 X를 하세요.

1) 아프리카 국경선은 자연적으로 반듯한 상태이다. ☐

2) 19세기 유럽 나라들이 아프리카를 침략해 식민지로 삼았다. ☐

3) 서양 강대국이 아프리카를 나눌 때 부족 특성을 고려해 국경을 나누었다. ☐

 콘텐츠 확장하기

▶ 여러분이 아프리카 원주민이라면 서양 강대국에게 어떤 말을 해 주고 싶은지 써 보세요.

_____

_____

▶ 관련 검색어로 배경지식을 확장해 보세요.

🔍 베를린 회담 🎤 📷	🔍 식민지(植民地) 🎤 📷
1884년부터 1885년까지 독일 베를린에서 열린 아프리카 식민지 분할 회의예요. 이 회의를 통해 130여 년이 지난 지금까지도 아프리카 일부 국가는 부족이나 민족 특성에 상관없이 직선에 가까운 이상한 국경선을 갖게 되었어요.	정치·경제적으로 다른 나라에 속해 국가로서의 주권을 상실한 나라를 말해요. 우리나라는 1910년 8월 29일부터 1945년 8월 15일까지 일본의 식민지였으나 독립운동으로 해방을 맞이했답니다.

클릭! 어휘 설명

● **분할(分割)** 나누어 쪼갬.

● **약탈(掠奪)** 폭력을 써서 남의 것을 억지로 빼앗음.

● **인위적(人爲的)** 자연의 힘이 아닌 사람의 힘으로 이루어지는 것.

● **점령(占領)** 어떤 장소를 차지하여 자리를 잡음. 또는 교전국의 군대가 적국의 영토에 들어가 그 지역을 군사적 지배 아래 둠.

관련 동영상

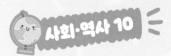
꿈이지 않는 노키즈존 논란

우리도 미래의 고객이에요

'아이를 동반한 고객은 입장할 수 없습니다.'라는 글을 본 적 있나요? 전국에 노키즈존이 500여 곳에 달한다고 합니다. 노키즈존이 뭘까요?

오늘의 키워드 #평등권 #일반화

더 보기

2010년대부터 우리나라에서 영유아나 어린이 고객의 매장 입장을 금지하는 '노키즈존'이 생겨나기 시작했습니다. 노키즈존은 매장에서 아이들의 부주의로 발생한 안전사고까지 매장 주인이 책임져야 한다는 법원의 판결이 잇따르면서 속속 등장했어요. 이 밖에도 아이를 동반한 고객이 자녀의 소란을 방치하거나 사용한 기저귀를 매장에 버리고 가는 등 다른 고객에게 불편을 주는 일이 종종 생겼습니다. 공공 예절을 지키지 않는 고객 때문에 골머리를 앓던 점주들은 이러한 문제를 미연에 방지하기 위해 노키즈존 팻말을 걸고 가게를 운영하기 시작한 것이지요.

한편 2017년 국가인권위원회는 '합리적 이유 없이 나이를 이유로 상업 시설 이용과 관련해 특정한 사람을 **배제**하는 것은 평등권 **침해**'라고 규정했어요. 그런데도 노키즈존에 대한 찬반 의견이 팽팽히 맞서고 있답니다.

노키즈존을 찬성하는 입장은 노키즈존의 설치는 점주의 자유이며, 다른 손님이 편하게 식사할 권리가 있다고 주장하고 있습니다. 반면 노키즈존을 반대하는 입장은 아이의 입장을 막는 것은 아이의 인권을 침해하는 것이며, 개념 없는 일부 사람의 행동을 일반화하는 것은 문제가 있다고 주장합니다.

전문가들은 아이의 과실이 명백한 사고까지 업주에게 책임을 묻는 것을 줄여야 하며, 아동 **친화**적인 영업장에 대해 세금을 **감면**해 주는 **정책**이 필요하다고 합니다.

1 노키즈존을 찬성하는 입장과 반대하는 입장의 근거를 써 보세요.

- 찬성:

- 반대:

2 빈칸에 알맞은 어휘를 골라 써 보세요.

> 감면, 배제, 친화, 일반화

1) 자진해서 잘못을 신고한 경우 벌금을 (   )해 준다.

2) 험난한 등산 코스는 (   )하고 등산 코스를 정했다.

3) 환경을 위해 만든 제품을 환경 (   ) 제품이라고 한다.

4) 한 번의 잘못으로 친구가 나쁘다고 (   )할 수는 없다.

콘텐츠 확장하기

▶ 관련 검색어로 배경지식을 확장해 보세요.

🔍 **평등권(平等權)** 🎤 📷

모든 국민은 법 앞에 평등하여 정치·경제·사회적 생활의 모든 면에서 차별을 받지 않는 기본권을 말해요. 평등의 의미는 시대마다 다르지만 오늘날 평등은 남녀노소 모든 인간이 차별받지 않는 것을 뜻한답니다.

🔍 **일반화(一般化)** 🎤 📷

낱낱의 일 또는 특별한 것을 일반적인 일로 만든다는 뜻이에요. 현실에서 경험한 사실이나 일부 결론을 가지고 모두가 대체로 그렇다고 결론짓는 거예요. 예를 들어 친구가 실수로 넘어진 사실을 가지고 원래 덤벙대는 친구라고 생각하는 것을 '일반화하다'라고 해요.

관련 동영상

잊힐 권리! 흑역사 지우는 법

당신의 흑역사를 지워드립니다!!

여러분도 무심코 SNS에 사는 곳이나 학교 등을 올린 적이 있나요? 온라인에 떠돌고 있는 내 개인 정보를 지워 주는 서비스를 신청해 보세요.

오늘의 키워드 #알파 세대 #잊힐 권리

더 보기

요즘 어린이와 청소년은 어릴 때부터 스마트폰, 컴퓨터를 사용하면서 자라요. 그래서 디지털 원주민 또는 알파 세대라고 불릴 정도로 디지털 기기에 익숙합니다. 여러분도 카카오톡, 틱톡, 유트브와 같은 SNS를 이용하고 있지요? SNS를 하다 보면 사진이나 글을 올리거나 댓글을 쓰기도 하지요. 이렇게 디지털상에서 글을 쓰다 보면 무심코 자신의 학교나 사는 곳 같은 개인 정보를 올리는 일도 종종 생겨요. 그런데 만약 자신의 개인 정보가 온라인에 남겨진다면 **악용**되거나 범죄의 **표적**이 될 수도 있습니다.

이러한 이유로 정부는 2023년 4월부터 지우개(지켜야 할 우리들의 개인 정보) 서비스를 운영하고 있어요. 지우개 서비스는 아동·청소년과 어린 시절 남겼던 흔적을 지우고 싶은 청년을 위한 서비스예요. 계정을 분실했거나 보호자의 동의가 없어서 스스로 게시물을 삭제 또는 비공개 처리할 수 없는 30세 미만 이용자를 대상으로 운영하고 있어요. 정부가 국민의 잊힐 **권리**를 위해 아동·청소년 시기에 작성한 게시물을 다른 사람이 볼 수 없도록 지원하는 거예요.

다만 모든 게시물을 지워 주는 것은 아니에요. 해당 게시물에 이름, 생년월일, 전화번호, 주소, 사진 등 개인 정보가 포함되어 다른 사람에게 악용될 가능성이 있는 글을 지워 주고 있어요. 그러니 SNS에 게시물을 올릴 때는 주의해야 하고, 지우고 싶은 개인 정보가 있다면 지우개 서비스를 활용해 보세요.

 **콘텐츠 정리하기**

1 본문에 대한 설명으로 옳은 것은 O, 틀린 것은 X표를 하세요.

1) 지우개 서비스는 잊힐 권리를 지원하기 위한 서비스이다. ☐

2) 지우개 서비스는 우리나라 국민 누구나 신청 가능하다. ☐

● **권리(權利)** 어떤 일을 행하거나 다른 사람에게 요구할 수 있는 힘이나 자격.

2 빈칸에 알맞은 어휘를 골라 써 보세요.

● **악용(惡用)** 알맞지 않게 쓰거나 나쁜 일에 씀.

> 권리, 악용, 표적

● **표적(標的)** 목표로 삼는 물건.

1) 정부가 개인 정보 ( )을 막기 위해 노력했다.

2) 노후된 건물은 범죄의 ( )이 된다.

3) 학생의 ( )를 주장하려면 먼저 의무를 다해야 한다.

콘텐츠 확장하기

▶ 온라인에서 개인 정보를 보호하기 위한 방법을 검색해 써 보세요.

▶ 관련 검색어로 배경지식을 확장해 보세요.

🔍 **알파 세대(Generation Alpha)** 🎤 📷

2020년대 들어 새롭게 규정하고 있는 세대예요. 2010년부터 현재까지 태어난 세대를 말하며 이들 세대 대부분 스마트폰 및 SNS가 완전히 대중화된 2010년대 초반에 태어났다는 특징이 있습니다.

🔍 **잊힐 권리** 🎤 📷

1990년대 이후 인터넷의 발달로 네트워크에는 방대한 자료가 쌓여 있어요. 그중 개인의 사생활, 수치스러운 기억, 알리고 싶지 않은 과거 등도 포함되어 있지요. 인터넷에 원치 않는 자료가 남아 계속해서 떠돌지 않도록 개인 정보를 삭제하거나 비공개로 전환하는 것을 '잊힐 권리'라고 한답니다.

관련 동영상

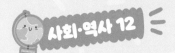

서울 공화국이 뭘까?

서울로 갈 수밖에 없는 대한민국

서울 공화국이라는 말을 들어본 적이 있나요? 서울 공화국이라는 말은 온라인 백과사전에도 올라가 있을 만큼 흔히 사용하는 단어가 되었어요.

오늘의 키워드　#수도권 쏠림 현상

더 보기

　　우리나라 사람들은 대부분 대도시에 모여 살고 있어요. 그중에서도 서울과 경기도 같은 수도권에 모여 살지요. 우리나라는 동쪽에 높은 산이 몰려 있고 서쪽은 낮은 평야가 많아요. **산업**이 발달하기 전에는 농사를 짓기 위해 평야가 있는 남서쪽에 많이 살았어요. 그러다 산업이 발달하면서 **자연환경**보다는 일자리가 많고 교통이 발달한 인문 환경을 더 중요하게 여기기 시작했지요. 그래서 사람들이 도시로 몰리기 시작했어요.

　　현재 우리나라 수도권 **면적**은 대한민국 땅 크기의 10분의 1에 불과해요. 하지만 우리나라 **인구** 절반이 수도권에 살고 있지요. 일자리뿐만 아니라 공공시설, 의료 시설, 문화 시설의 절반 정도가 수도권에 몰려 있기 때문이에요. 그래서 서울 공화국이란 말이 나오게 된 것이지요.

　　이렇게 수도권에 인구가 몰리는 '수도권 쏠림 현상'은 어떤 문제를 가져올까요?

　　첫째, 지방이 사라질 수 있어요. 지방 인구가 빠져나가면서 그 지역의 문화와 일자리가 더 줄고 사람이 살기 힘들어지는 것이지요. 현재 사라질 위기에 처한 지방이 118곳이나 된다고 해요. 둘째, 인구가 집중된 수도권은 쓰레기 문제, 주택 부족 문제 등 여러 어려움을 겪게 돼요.

　　서울 공화국이라고 불릴 정도로 서울만 발전하는 것이 아니라 지역 곳곳이 고루 발전하려면 어떤 노력을 해야 할까요? 다 함께 생각해 봐요.

콘텐츠 정리하기

1 수도권 쏠림 현상에 대한 설명으로 옳은 것은 O, 틀린 것은 X표를 하세요.

1) 우리나라는 산업이 발달하기 전 북동쪽에 많이 살았다. ☐

2) 우리나라 공공시설, 절반 정도가 수도권에 몰려 있다. ☐

3) 수도권에 인구가 몰리면서 지방이 사라질 위기에 처해 있다. ☐

2 빈칸에 알맞은 어휘를 골라 써 보세요.

> 인구, 산업, 면적

1) 우리 학교 운동장은 자랑할 만큼 ( )이 넓다.

2) 천안은 ( )이 발달한 도시이다.

3) 전 세계 ( )가 약 80억 명이 넘는다.

콘텐츠 확장하기

▶ 모든 지역이 고루 발전하기 위한 정책 한 가지를 써 보세요.

▶ 관련 검색어로 배경지식을 확장해 보세요.

> 🔍 수도권 쏠림 현상 🎤 📷

수도를 중심으로 이루어진 대도시를 수도권이라고 해요. 우리나라 수도권은 수도인 서울과 인천광역시, 경기도를 아울러 이르는 말이지요. 수도권의 면적은 11,856제곱킬로미터이며, 우리나라 인구 절반이 수도권에 살아요. '수도권 쏠림 현상'은 '수도권 과밀화'라고도하며, 나라마다 차이가 있지만 흔히 볼 수 있는 사회 현상이지요. 하지만 우리나라 수도권 쏠림 현상은 세계에서 가장 심한 편이에요. 국토가 작고 지역이 균형 있게 발전하지 못했기 때문이지요.

관련 동영상

클릭! 어휘 설명

● **면적(面積)** 면이 공간을 차지하는 넓이의 크기.

● **산업(産業)** 인간 살아가는 데 필요하거나 유용한 물건을 만들어내는 것. 또는 필요한 서비스를 제공하는 행위 등을 가리키는 경제 용어.

● **인구(人口)** 일정한 지역에 사는 사람의 수.

● **자연환경(自然環境)** 인간 생활을 둘러싸고 있는 자연계의 모든 요소가 이루는 환경.

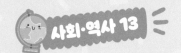

아직도 왕이 있는 나라가 있을까?

왕실을
포기 못하는 이유

대부분의 나라는 국민의 권리가 높아지면서 왕이 사라졌어요. 하지만 28개 나라는 아직 왕과 왕실이 존재합니다. 오늘날 왕은 어떤 역할을 하고 있을까요?

오늘의 키워드 #왕실 #의회

더 보기

　아직 왕이 있는 **국가**가 있습니다. 종종 텔레비전에서 다른 나라의 왕이 왕관을 받는 대관식을 볼 때가 있어요. 바로 옆 나라인 일본도 왕족이 남아 있어 국민의 관심을 받으며 활동하고 있지요. 일본 외에도 아시아의 태국, 말레이시아, 캄보디아에 왕이 있으며 영국, 벨기에, 스페인 등을 비롯한 많은 유럽 나라와 중동 나라에도 아직 왕과 왕실이 존재합니다.

　왕이 있는 나라에서 왕은 어떤 역할을 할까요? 오늘날 왕은 옛날처럼 많은 **권력**을 가지지는 못해요. 옛날에는 왕이 모든 권력을 가졌고, 왕의 말이 곧 법이었답니다. 하지만 현재는 헌법에 따라 왕의 권력이 제한되고 중요한 결정은 국민을 대표하는 기관인 의회에서 나누어 결정하게 되지요.

　예전에 비해 왕이 하는 일은 많이 줄었지만 왕이 있는 나라의 국민은 왕실에 대한 사랑과 **자부심**을 가지고 있어요. 왕과 왕실 또한 이런 국민의 기대에 걸맞게 나라의 전통을 지키며 대외적으로 국가를 홍보하는 역할을 하고 있어요.

　우리나라는 조선 27대 국왕이었던 순종 이후로는 왕이 존재하지 않아요. 대신 대통령이 국민을 대신해 나라를 대표한답니다. 대통령은 선거를 통해 **선출**해 5년 동안 **임무**를 맡게 되며, 왕과 달리 한 번 대통령이 된 사람은 다시 대통령이 될 수 없어요. 대통령은 나라의 우두머리로서 나라를 이끌어 가는 역할을 하고 있답니다.

 **콘텐츠 정리하기**

1 왕에 대한 설명으로 옳은 것은 O, 틀린 것은 X표를 하세요.

1) 현재 왕이 있는 나라는 모든 권력을 가지고 국가를 통치한다. ☐

2) 왕은 전통을 지키며 모범이 되는 행동을 하려고 한다. ☐

3) 한 번 대통령이 된 사람도 다시 대통령이 될 수 있다. ☐

2 왼쪽 글을 읽고 빈칸에 알맞은 어휘를 찾아 써 보세요.

1) 아직 왕이 있는 ( )가 있습니다.

2) 오늘날 왕은 옛날처럼 많은 ( )을 가지지 못한다.

3) 대통령은 선거를 통해 ( )되어 5년 동안 임무를 맡는다.

콘텐츠 확장하기

▶ 우리나라에 왕이 있다면 어떤 말을 하고 싶은지 써 보세요.

_____

_____

▶ 관련 검색어로 배경지식을 확장해 보세요.

🔍 왕실(王室) 🎤 📷

왕의 집안을 왕실이라고 해요. 임금이 황제면 황실, 왕실의 일원을 왕족이라고 하지요. 왕실이 있는 나라에서 왕족의 일거수일투족은 국민들의 관심을 받고 있어요. 전 세계에서 가장 유명하고 전통 있는 왕실은 영국 왕실이에요. 특히 엘리자베스 2세 여왕은 영국 역사상 가장 오랜 기간 여왕 자리를 지켰답니다.

🔍 의회(議會) 🎤 📷

입법이나 국가에 필요한 결정 사항 등을 결정하기 위해 만든 조직이에요. 각 지역 의회에서 주민들의 불만이나 요구 사항을 듣거나, 지역 상황에 맞도록 법을 재정비하고, 지역 살림살이에 필요한 예산을 검토 및 결정 하는 일을 해요.

관련 동영상

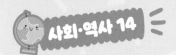

우리가 알고 있던 가족이 사라진다?

2050년,
달라지는 가족의 모습

옛날 가족사진을 보면 3~4대가 모여 스무 명 가까이 사진을 찍었어요. 요즘은 서너 명 또는 한두 명인 가족사진도 쉽게 볼 수 있답니다. 가족의 모습이 어떻게 달라졌을까요?

오늘의 키워드 #확대가족 #비혼

더 보기

농사가 주를 이루던 옛날에는 자녀가 결혼한 뒤에도 부모와 함께 사는 확대가족이 많았어요. 농사를 지으려면 일할 사람이 많아야 했기 때문이죠. 하지만 산업 발달로 많은 사람이 일자리를 찾아 도시로 나가면서 부부와 미혼 자녀만으로 구성된 핵가족 형태를 이루게 되었지요. 그렇다면 미래에는 가족 형태가 어떻게 변할까요?

현재 가족은 혼인, 출산, **입양**으로 이루어져요. 입양 가정을 제외하면 많은 가족이 **혈연관계**에 있지요. 하지만 미래에는 1인 가구가 늘어나면서 가족을 선택할 수 있을지도 모릅니다. 어떻게 가족을 선택하냐고요? 미래에는 피를 나누지 않은 남남도 가족이 될 수 있답니다. 전문가들은 앞으로 비혼 가구가 증가하고 저출산과 고령화가 더욱 진행될 **전망**이라고 해요. 따라서 많은 사람이 자녀 없이 부부만 지내거나 **독신**인 1인 가구로 지내게 됩니다. 그런데 1인 가구는 건강이 나빠져서 아플 때나 문제가 생겼을 때 함께 있어 줄 가족이 없어 어려움을 겪을 수 있어요. 이런 까닭으로 혼자 사는 사람끼리 서로 생계를 돕고 돌보기 위해 한 지붕 아래에서 살게 될 것으로 예상하고 있지요.

국민 또한 미래 가족에 대해서 비슷한 생각을 가지고 있어요. 2021년 한 조사 결과에 따르면 10명 중 7명은 혼인이나 혈연관계가 아니더라도 주거와 생계를 공유하면 가족이 될 수 있다고 응답했습니다.

 **콘텐츠 정리하기**

1 가족에 대한 설명으로 옳은 것은 O, 틀린 것은 X표를 하세요.

1) 혈연관계가 아닌 가족은 가족이 될 수 없다. ☐

2) 현재 가족은 혼인, 출산, 입양 등으로 구성된다. ☐

2 빈칸에 알맞은 어휘를 골라 써 보세요.

> 독신, 전망, 혈연, 입양

1) 가족, 친척은 조상의 피를 이어받은 ( )관계이다.

2) 삼촌이 결혼을 하지 않는다며 ( )을 선언했다.

3) 저출산 관련 정책 덕에 출산율 ( )이 밝다.

4) 부모님께서 보육원 봉사활동을 하다가 막내를 ( )했다.

콘텐츠 확장하기

▶ 다양한 가족의 모습에 대해 어떤 태도를 지녀야 할지 써 보세요.

▶ 관련 검색어로 배경지식을 확장해 보세요.

🔍 확대가족(擴大家族) 🎤 📷

성인인 자녀가 결혼 후에도 부모가 함께 사는 집을 확대가족 또는 대가족이라고 해요. 확대가족은 우리나라의 전통적인 가족 모습이었어요. 요즘은 한 집안에 사는 확대가족이 많지 않지만 '수정확대가족'이라고 해서 조부모, 부모, 자녀 또는 부모, 자녀가 한 건물에 사는 가족도 있답니다.

🔍 비혼(非婚) 🎤 📷

비혼을 한자대로 해석하자면 '결혼이 아니다'란 뜻이지만, '결혼하지 않겠다'라는 의지를 담은 말로 많이 쓰여요. 사회적 이유로 또는 개인적 이유로 결혼하지 않을 사람이지요.

｛클릭!｝ 어휘 설명

- **독신(獨身)** 형제자매가 없거나 배우자가 없는 사람.

- **입양(入養)** 혈연관계가 아닌 사람과 법으로 친부모, 친자식 관계를 맺는 행위.

- **전망(展望)** 앞날을 헤아려 내다봄.

- **혈연관계(血緣關係)** 부모와 자식, 형제를 기본으로 하는 관계.

관련 동영상

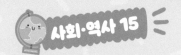

사회·역사 15

최부자가 전 재산을 기부한 이유

최부잣집의 플렉스!

속담에 이런 말이 있어요. '삼대 거지 없고, 삼대 부자 없다.' 보통 부자가 삼대를 못 가서 생긴 말이에요. 그런데 총 10대가 넘는 긴 세월 동안 부자로 지내온 가문이 있다고 합니다.

오늘의 키워드   #노블레스 오블리주

더 보기

경주에 있는 최부자댁은 12대에 걸쳐 만석이 넘는 재산을 지켜온 만석꾼 가문입니다. 최부자댁이 400년이 넘는 세월 동안 부를 지켜온 데에는 특별한 비결이 있다고 해요. 집안에서 전해져 오는 여섯 개의 **가훈**인 육훈 덕분이라고 합니다. 내용은 다음과 같아요.

'첫째, 과거를 보되 진사 이상은 하지 말 것. 둘째, 재산은 만석 이상은 모으지 말 것. 셋째, 나그네를 후하게 대접할 것. 넷째, **흉년**기에는 재산을 늘리지 말 것. 다섯째, 최씨 가문의 며느리들은 시집와서 3년 동안 **무명옷**을 입을 것. 여섯째, 사방 백 리 안에 굶어 죽는 사람이 없게 할 것.'입니다.

최부자댁은 육훈을 지키며 재산을 헛되이 쓰지 않고 긴 세월 동안 가문의 부를 굳건하게 했어요. 그런데 왜 12대 이후에는 부가 이어지지 않은 걸까요? 12대 최준이 독립운동과 교육에 전 재산을 **기부**하였기 때문입니다. 최준은 일제 강점기 시절 백산상회라는 무역 회사를 설립했어요. 백산상회는 독립운동 자금을 **조달**했답니다. 최준이 해외로 전달한 독립운동 자금을 현재 가치로 계산하면 약 1,000억이 넘는 큰 돈이라고 해요.

최준은 해방된 뒤에도 전 재산을 교육 사업에 기부했어요. 최준을 마지막으로 만석꾼 명예는 사라졌지만, 최부자 가문의 이야기는 많은 사람에게 본보기가 되며 노블레스 오블리주가 무엇인지 확실히 보여 주었답니다.

 **콘텐츠 정리하기**

클릭!
어휘 설명

1 최부자댁에 대한 설명으로 옳은 것은 O, 틀린 것은 X표를 하세요.

1) 최부자댁은 12대에 걸친 만석꾼 집안이다.

2) 12대 최준이 전 재산을 탕진했다.

2 빈칸에 알맞은 어휘를 골라 써 보세요.

> 가훈, 조달, 흉년

1) 우리 집 (   )은 성실, 정직, 근면이다.

2) 옛 속담에 (   )에도 한 가지 곡식은 먹는다는 말이 있다.

3) 나라 살림이 어려워지자 국제통화기금인 IMF에 자금 (   )을
신청했다.

 콘텐츠 확장하기

▶ 부자가 기부를 해야 하는지 자신의 생각을 써 보세요.

• 부자는 기부에 (참여해야 한다./참여하지 않아도 된다.)

• 왜냐하면

▶ 관련 검색어로 배경지식을 확장해 보세요.

🔍 **노블레스 오블리주(Noblesse oblige)**   🎤 📷

프랑스어로 '고귀한 귀족'과 '책임이 있다'라는 뜻이 합쳐진 단어예요. 프랑스 혁명
과 나폴레옹의 등장으로 어수선했던 시대에 프랑스 정치가이자 작가인 피에르 가
스통 마르크가 한 말이랍니다. 귀족은 자신의 처신을 귀족답게 해야 한다는 말로 상
류층이 모범을 보이는 행동을 해야 한다는 의미가 담겨 있어요.

관련 동영상

● **가훈(家訓)** 한집안의
조상이나 어른이 자
손에게 일러 주는 가
르침. 한집안의 도덕
관으로 삼기도 한다.

● **기부(寄附)** 자선 사업
이나 공공사업을 돕
기 위하여 돈이나 물
건 따위를 대가 없이
내놓음.

● **무명옷** 무명실로 짠
옷. 목화에서 얻은 실
로 만든 옷감으로 만
든 옷이다.

● **조달(調達)** 자금이나
물자 따위를 대어 줌.

● **흉년(凶年)** 농작물이
예년에 비하여 잘되
지 아니하여 굶주리
게 된 해.

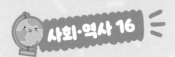
혐오 표현, 이대로 괜찮을까?

혐오, 그만 멈춰!

사람은 누구나 무언가를 좋아하기도, 싫어할 수도 있어요. 하지만 요즘은 싫어하는 것을 넘어 혐오가 세상을 어지럽히고 있어요. 혐오 표현, 이대로 괜찮을까요?

오늘의 키워드 # 혐오 범죄

더 보기

　　사람이 감정을 갖는 것은 자연스러운 일이에요. 어떤 친구는 오이를 좋아할 수도 있지만 어떤 친구는 오이를 싫어할 수도 있죠. 그런데 오이를 싫어하는 데서 그치지 않고, 오이를 미워하거나 증오하면서 다른 사람에게 표현한다면 혐오가 돼요. 혐오는 어떤 것을 증오하거나 불결하다는 이유로 기피하는 감정이에요.

　　그런데 요즘은 이러한 혐오 표현을 소수자나 **약자**에게 거침없이 행하고 있어서 큰 문제가 되고 있어요. 특히 우리나라는 노인 혐오, 동성애 혐오, 여성 혐오, 남성 혐오, 종교 혐오 등 **이분법**적인 **잣대**로 혐오하며 갈등이 종종 일어나고 있답니다.

　　한 설문 조사에 따르면 장애인, 이주민 여성, 동성애자 등의 소수자 가운데 78.5퍼센트가 온라인 댓글에서 혐오 표현을 접했다고 해요. 또한 5퍼센트 이상이 일상에서 혐오 표현을 직접 들었다고 합니다. 혐오 표현을 접한 사람은 지속적인 긴장감, 무력함, 우울증, 공황장애 등을 겪게 돼요.

　　한편 혐오 표현을 일삼는 사람은 혐오가 표현의 자유라고 주장해요. 반면 전문가들은 혐오 표현이 인간의 존엄성과 사회 공공성을 해칠 수 있으므로 엄격하게 **규제**해야 한다고 말하지요. 혐오 표현은 혐오나 편견이 동기가 되는 혐오 범죄 또는 증오 범죄로 이어질 수 있어요. 또한 다른 사람을 선동하거나 사회 갈등을 악화시킬 수 있으니 함부로 해서는 안 된답니다.

콘텐츠 정리하기

1 혐오란 무엇인지 왼쪽 글에서 찾아 써 보세요.

>클릭!<
어휘 설명

2 빈칸에 알맞은 어휘를 골라 써 보세요.

> 약자, 잣대, 규제

1) 강자가 (   )를 괴롭히는 것은 잘못된 행동이다.

2) 외모를 (   ) 삼아 상대방을 판단해서는 안 된다.

3) 폭력성이 있는 콘텐츠는 (   )해야 한다.

콘텐츠 확장하기

▶ 혐오 표현을 규제해야 할까요? 여러분의 생각을 써 보세요.

• 혐오 표현은 (표현의 자유다. / 규제해야 한다.)

• 왜냐하면

▶ 관련 검색어로 배경지식을 확장해 보세요.

🔍 **혐오 범죄**(嫌惡 犯罪) 🎤 📷

혐오 범죄는 표현의 자유를 넘어서 폭행, 살인 등 여러 문제를 야기하고 있어 우리나라는 물론 전 세계에서 법을 제정하며 강제하고 있습니다.

🔍 **포비아**(Phobia) 🎤 📷

'공포증'이란 뜻이에요. 요즘은 '~포비아'라고 해서 특정 대상을 꺼리는 말로 많이 써요. 세계적인 감염병인 코로나바이러스 이후 코로나 근원지인 중국을 기피하는 표현으로 '차이나 포비아'라는 말이 생기기도 했답니다.

관련 동영상

• **규제**(規制) 규칙이나 규정에 의해 일정한 한도를 정하거나, 정한 한도를 넘지 못하게 막음.

• **약자**(弱者) 힘이나 세력이 약한 사람이나 생물. 또는 그런 집단.

• **이분법**(二分法) 논리적 구분의 방법. 어떤 대상이나 가치를 둘로만 나누는 방법이다.

• **잣대** 어떤 현상이나 문제를 판단하는 데 의거하는 기준을 비유하는 말.

국가유산에 낙서하는 것은 범죄예요!

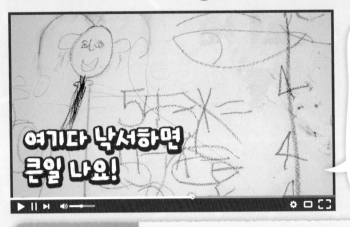

여기다 낙서하면 큰일 나요!

2023년 12월, 누군가 경복궁 담벼락에 빨간색, 파란색 래커로 낙서를 하고 달아났어요. 벽을 다 채울 만큼 커다랗게 '영화 공짜'라는 글씨를 쓴 사람은 누구일까요?

오늘의 키워드 #낙서

더 보기

경복궁은 서울시 종로구에 있는 우리나라 궁궐이에요. 1395년 태조 이성계가 왕이 된 다음 도읍을 옮기고 **창건**했다가 1592년 임진왜란 때 불에 탔어요. 그러다 1867년, 흥선대원군 이하응의 지시로 경복궁이 **중건**되었어요. 하지만 또다시 일본 침략과 6.25 전쟁을 거치며 궁 안에 있는 많은 방과 건물이 철거되거나 **소실**되었지요. 다행히 1968년부터 사회 각 분야의 관심이 모여 복원을 시작했으며, 여전히 복원 중이에요.

경복궁은 우리나라를 상징하는 건축물로 대한민국 국가유산청에서 지정한 **사적**이기도 해요. 이렇게 중요한 국가유산에 래커로 낙서를 한 것은 10대 청소년이었지요. 이들은 불법 온라인 사이트 직원이 시켜서 저지른 짓이라고 말했어요. 경찰은 10대 청소년과 낙서를 지시한 직원에게 문화재보호법 위반과 재물 손괴 **혐의**를 적용해 수사한다고 밝혔습니다.

다행히 경복궁 낙서는 전문가들이 투입되어 레이저 세척기로 지울 수 있었어요. 사람들은 이 사건 이후 문화재 훼손에 대한 경각심을 높여야 한다고 말했습니다. 경복궁 담벼락 낙서만큼은 아니더라도 국가유산의 나무 기둥이나 벽에 낙서하거나 뾰족한 것으로 긁어 글씨를 새기는 등 문화재를 훼손하는 사람이 많기 때문이지요. 국가유산이나 예술 작품, 공공시설에 낙서하는 행동은 크기를 불문하고 하지 말아야 합니다.

콘텐츠 정리하기

① 낙서에 대한 설명으로 옳은 것은 O, 틀린 것은 X표를 하세요.

1) 국가유산에 낙서를 하면 문화재보호법 위반 혐의가 적용된다. ☐

2) 경복궁 낙서는 레이저 세척기로도 지워지지 않았다. ☐

② 빈칸에 알맞은 어휘를 골라 써 보세요.

> 복원, 사적, 소실, 혐의

1) 덕수궁, 종묘, 창경궁, 고창읍성 등은 우리나라 (   )이다.

2) 훼손된 문화재를 (   )하기 위해 전문가들이 모였다.

3) 전쟁으로 인해 건물이 모두 (   )되었다.

4) 음주 운전으로 구속된 사람이 자신의 (   )를 인정했다.

콘텐츠 확장하기

▶ 문화재나 공공시설에 낙서하는 사람에게 한 줄 댓글을 써 보세요.

_____

▶ 관련 검색어로 배경지식을 확장해 보세요.

🔍 낙서 🎤 📷

인류는 아주 오래 전부터 낙서를 했어요. 글씨가 없던 때 바닥이나 동굴 벽에 그림을 끄적이는 것부터 시작되었지요. 낙서는 자신의 생각을 표현하거나 기록을 남기는 역할을 해요.

🔍 그래피티(Graffiti) 🎤 📷

이탈리아어로 낙서라는 뜻이에요. 래커 스프레이로 공공장소에 그림이나 글자를 쓰는 행위를 말하지요. 원칙으로는 범죄이지만, 예술가가 사회의 어두운 면을 드러내거나 보기에 아름답다는 이유로 예술이라고 주장하지요. 또 그래피티가 문화로 자리 잡은 곳은 관광객을 불러 모으기도 해요.

클릭! 어휘 설명

● **사적(史蹟)** 국가에서 지정하여 법률로 보호하는 기념물.

● **소실(燒失)** 불에 타서 사라짐. 또는 그렇게 잃음.

● **중건(重建)** 절이나 왕궁 따위를 보수하거나 고쳐 지음.

● **창건(創建)** 건물이나 조직체 따위를 처음으로 세우거나 만듦.

● **혐의(嫌疑)** 범죄를 저질렀을 가능성. 수사를 개시하게 되는 동기가 된다.

관련 동영상

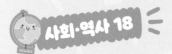

달콤한 초콜릿의 쏩쓸한 비밀

이거 알면
아무 초콜릿이나
못 먹는다!

초콜릿은 빵, 음료에도 쓰이며 전 세계인에게 사랑받는 식품이에요. 그런데 이렇게 달콤한 초콜릿에 쏩쓸한 비밀이 숨겨져 있다고 합니다. 무엇일까요?

오늘의 키워드 #공정 무역 #착한 소비

더 보기

초콜릿은 스트레스를 낮춰 주는 효과가 있으며 달콤 쌉쌀해요. 초콜릿의 주원료인 카카오 열매는 주로 더운 남아메리카나 아프리카의 **열대지방**에서 재배되고 있어요. 그런데 이 카카오 열매를 재배하고 수확하는 과정에 문제가 많다고 합니다.

카카오 농장의 **농장주**들이 카카오 열매를 생산하기 위해 숲을 함부로 훼손하여 카카오나무를 심는 경우가 있어요. 햇빛을 좋아하는 카카오나무 **경작**을 위해 울창한 숲의 나무를 태우거나 잘라 내지요. 이 과정에서 숲에 살고 있는 코끼리, 침팬지 등 동물들이 살 터전을 잃어버렸어요. 또 아동 인권 침해 문제도 있습니다. 농장주가 인건비를 줄이기 위해 어른보다 임금이 적은 아동을 고용하고 있는데, 농장에서 일하는 아이들은 학교에 다니지 못하며 이른 새벽부터 밤까지 하루 종일 일을 한다고 합니다. 아이들은 20킬로그램이 넘는 무거운 카카오 열매 자루를 나르거나 수확할 때 쓰는 칼 때문에 다치는 일도 비일비재해요.

그렇다면 이런 문제를 막기 위한 방법은 무엇일까요? 불법으로 값싸게 재배된 카카오 열매가 아닌 **정당**하게 재배된 카카오 열매만 구입하는 것이 좋아요. 이렇게 공정하게 만들어진 물건을 수출입하는 것을 공정 무역이라고 하며, 소비자가 공정 무역 제품을 사는 것을 착한 소비라고 해요. 앞으로 초콜릿을 살 때는 공정 무역 초콜릿인지 확인해 보는 것은 어떨까요?

 **콘텐츠 정리하기**

1 콘텐츠 내용을 요약한 문장에 O표를 하세요.

- 카카오 열매가 자라는 곳과 초콜릿의 효능에 대해 설명한 글 ☐

- 카카오 열매 재배 과정의 문제점을 알리는 글 ☐

2 왼쪽 글을 읽고 빈칸에 알맞은 어휘를 찾아 써 보세요.

1) 카카오 열매는 주로 더운 남아메리카나 아프리카의 (   )에서 재배되고 있다.

2) 코끼리, 침팬지 등의 동물들이 살 (   )을 잃어버렸다.

3) 공정하게 만들어진 물건을 수출입하는 것을 (   )이라고 한다.

4) 카카오나무 (   )을 위해 숲의 나무를 태웠다.

클릭! 어휘 설명

- **경작(耕作)** 땅을 갈아 서 농사를 지음.

- **농장주(農場主)** 농장 의 주인.

- **열대지방(熱帶地方)** 열대 기후에 속하는 고온 지방.

- **정당하다(正當하다)** 이치에 맞아 올바르 고 마땅하다.

콘텐츠 확장하기

▶ 공정 무역 초콜릿 홍보를 위한 홍보 문구를 써 보세요.

_____

▶ 관련 검색어로 배경지식을 확장해 보세요.

 🔍 **공정 무역**(公正 貿易)   🎤 📷

어려운 나라의 물건을 정당한 가격을 내고 수입하여 어려운 나라 농민이 자립할 수 있도록 하는 것을 목적으로 삼는 무역이에요. 한 나라에서 가난한 나라의 물건을 많이 살 테니 싸게 해 달라며 원래 가격의 절반을 넘게 깎으면 가난한 나라의 생산자나 노동자는 제대로 된 월급을 받을 수 없게 되거든요. 그래서 공정 무역을 해야 하지요.

🔍 **착한 소비**   🎤 📷

소비자가 공정 무역을 통해 들여온 물건을 사거나 환경에 미칠 영향을 고려해 물건을 사는 것을 말해요. 착한 소비는 공정 무역 제품을 사는 것뿐만 아니라 물건을 살 때 환경을 생각하며 쓰레기나 탄소 배출을 줄이기 위한 행동도 포함해요.

관련 동영상

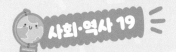
인공지능이 의사도 대체할 수 있다고?

충격!
사라질 위기에 처한 직업들

앞으로는 인간 대신 인공지능이 많은 직업을 대신할 거라고 해요. 그중에서도 의사나 변호사가 빠른 시간 안에 사라질 것으로 예측되어 충격을 주고 있습니다.

오늘의 키워드 #미래 유망 직업

더 보기

　　요즘은 가정에서도 손쉽게 인공지능 스피커를 통해 조명을 켜거나 온도를 조절하고 다양한 가전제품을 **제어**할 수 있어요. 이 밖에도 교육, 의료, 통신 등 생활 속 거의 모든 분야에 인공지능 기술이 활용되고 있지요. 앞으로는 다양한 분야에서 사람이 하는 일을 인공지능이 대신하게 된다고 해요. 미국의 유명한 경제 잡지인 <월스트리트 저널>에는 '인공지능이 10년 안에 사람의 일자리 80퍼센트를 대체할 수도 있다.'는 충격적인 주장이 실리기도 했답니다.

　　우리나라에서도 인공지능 기술이 어떻게 일자리를 바꾸게 될지 보고한 적이 있어요. 보고 내용을 살펴보면 의사·한의사, 건축가, 회계사 등의 직업은 인공지능이 대체 할 수 있는 일이라고 해요. 하지만 가수, 교수, 성직자 등의 직업은 인공지능이 대체하기 어렵다고 합니다.

　　인공지능이 대신하기 쉬운 직업의 특징은 무엇일까요? 바로 전문 지식이 많이 필요하고 정보를 **분석**하는 일이에요. 이런 일은 인공지능이 사람보다 더 빠르고 정확하게 처리할 수 있어요. 반면 인공지능이 대신하기 어려운 직업은 사람만이 지닌 **고유**한 능력을 활용하는 일입니다. 다른 사람의 감정을 공감해 주고 소통하며 관계를 맺는 기술은 아직 인공지능이 쉽게 넘보기 어려워요. 전문가들은 인간이 인공지능과 경쟁하기보다는 **협력** 관계가 되어야 한다고 해요.

　　앞으로 미래 **유망** 직업은 어떤 직업이 될지 다 함께 생각해 볼까요?

콘텐츠 정리하기

1 미래 직업에 대한 설명으로 옳은 것은 O, 틀린 것은 X표를 하세요.

1) 인공지능이 대체하기 쉬운 직업은 가수, 교수, 성직자 등이다. ☐

2) 사람은 인공지능과 경쟁하는 관계여야 한다. ☐

2 빈칸에 알맞은 어휘를 골라 써 보세요.

> 고유, 분석, 유망, 협력

1) 미래 식량 산업은 떠오르는 (　　　　　) 산업이다.

2) 한복은 우리나라 (　　　　　)한 전통 의상이다.

3) 과학수사대에서 현장에서 나온 증거를 (　　　　　)했다.

4) 기후 위기를 해결하기 위해 전 세계가 (　　　　　)해야 한다.

 콘텐츠 확장하기

▶ 여러분이 생각하는 미래 유망 직업과 그 이유를 써 보세요.

• 미래 유망 직업:

• 이유:

▶ 관련 검색어로 배경지식을 확장해 보세요.

🔍 미래 유망 직업(未來 有望 職業)　　🎤 📷

미래에는 인공지능이 대신할 수 없고 사람만 할 수 있는 직업에 사람이 몰릴 거예요. 미래 유망 직업 분야로는 컴퓨터 분야(인공지능 로봇을 다루거나 프로그램을 만드는 일), 환경•재생 에너지 분야, 문화 분야, 보건•복지 분야가 있으며 이 분야의 직업으로는 노인 케어 전문가, 사이버 건강 전문가, 헬스케어 로봇 엔지니어, 심리치료사, 증강 현실 개발자, 재생에너지 전문가 등이 있답니다.

관련 동영상

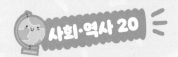

장벽을 없애다, 배리어프리

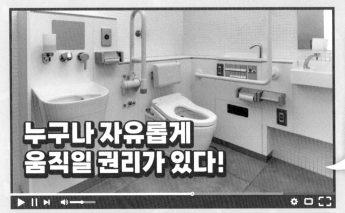

누구나 자유롭게
움직일 권리가 있다!

요즘 가게 대부분이 키오스크를 사용해요. 키오스크 덕에 물건이나 음식을 편하게 주문할 수 있지요. 그런데 키오스크, 누구에게나 편리한 기계일까요?

오늘의 키워드 #배리어프리 👍 👎

더 보기

기술의 발달은 생활을 편리하게 바꾸어 놓기도 했지만, 동시에 기술의 **혜택**을 받지 못하거나 쓸 수 없는 사람에게는 더 불편한 세상이 되었습니다.

젊은 사람들은 키오스크와 같은 **생소**한 기계를 몇 번 사용하다 보면 금세 익숙해져요. 하지만 노인이나 어린이, 장애를 가진 사람은 그렇지 못할 수도 있어요. 노인은 키오스크의 작은 글씨와 복잡한 메뉴를 이해하는 데 어려움을 느껴요. 또 성인 키에 맞춰 만들어진 키오스크는 작은 키를 가진 어린이가 이용하기 어려워요. 장애인은 키오스크 화면이 보이지 않거나 안내 음성을 들을 수 없어 쓰기 어려울 수 있지요. 편리한 기계가 누군가에게는 **장벽**처럼 느껴지게 되는 순간입니다. 이런 장벽을 없애기 위한 노력이 바로 배리어프리(Barrier-free, 장벽을 없애다)예요.

배리어프리는 어려움을 만드는 장벽을 없애 모든 사람이 동등하게 공간을 누릴 수 있도록 만들어 줍니다. 키오스크에 배리어프리를 적용하면 어떻게 바꿀 수 있을까요? 화면의 메뉴 버튼을 단순하게 만들고 글자를 키우면 시력이 나쁜 사람이나 노인, 어린이가 쉽게 이용할 수 있어요. 시각장애를 가진 사람들이 이용할 수 있도록 음성 안내와 점자 키패드를 넣는 것도 좋겠지요.

그 밖에 건물 입구의 편평한 경사로, 화장실 안전 바 모두 배리어프리예요. 배리어프리는 모든 사람이 안전하고 편리하게 생활할 수 있는 환경을 **지향**한답니다.

 **콘텐츠 정리하기**

① 배리어프리가 무엇인지 왼쪽 글에서 찾아 써 보세요.

_____

② 배리어프리에 대한 설명으로 옳은 것은 O, 틀린 것은 X표를 하세요.

1) 기술의 발달로 모든 사람이 동등하게 혜택을 누리고 있다. ☐

2) 배리어프리는 특정 집단만 배려한다. ☐

3) 건물 입구의 편평한 경사로도 배리어프리다. ☐

③ 빈칸에 알맞은 어휘를 골라 써 보세요.

생소, 장벽, 지향, 혜택

1) 과학의 발전은 인간에게 여러 가지 (   )을 주었다.

2) 인공지능 번역기의 발달로 언어의 (   )이 허물어지고 있다.

3) 그 지역은 한번도 가 보지 않아 (   )한 곳이다.

4) 나는 계획을 실천하며 규칙적인 생활을 (   )한다.

 콘텐츠 확장하기

▶ 주변에서 배리어프리가 적용 안 된 곳이 있는지, 어떻게 바꾸면 좋을지 써 보세요.

불편한 물건이나 장소	배리어프리 적용 방법

클릭! 어휘 설명

● **생소(生疏)하다** 어떤 대상이 친숙하지 못하고 낯설다.

● **장벽(障壁)** 장애가 되는 것이나 극복하기 어려운 것.

● **지향(志向)** 어떤 목표로 뜻이 쏠리어 향함.

● **혜택(惠澤)** 은혜와 덕택을 아울러 이르는 말.

관련 동영상

3장

인기 급상승 콘텐츠
상식·환경

MBTI, 캠핑의 매력 등 상식 이슈부터
어스아워, 줍깅, 전기세 절약 꿀팁 같은 환경 이슈까지
상식·환경 콘텐츠로 배경지식을 넓혀 보세요.

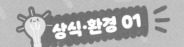

분리수거를 안 하는 나라도 있다고?

미국이 분리수거 안 하는 이유!

> 쓰레기를 종류별로 나누어 버리는 것을 분리배출, 분리 배출된 쓰레기를 거두어 가 는 것을 분리수거라고 해요. 그런데 분리수거를 하지 않 는 나라도 있다고 합니다.

오늘의 키워드 #분리배출 #바젤 협약

더 보기

우리나라는 1995년부터 쓰레기 **종량제** 및 쓰레기 분리수거를 **시 행**했어요. 시행착오는 있었지만 지금은 제도가 잘 정착되어 전 세계 에서 분리수거율이 가장 높은 나라 가운데 하나예요.

종이끼리 모아 분리배출한 뒤 재활용하면 나무를 베지 않을 수 있고, 철, 알루미 늄, 플라스틱을 재활용하면 천연자원을 아낄 수 있으며, 재료를 생산하는 데 드는 에 너지도 아낄 수 있어요. 무엇보다 쓰레기가 줄어 환경을 보호할 수 있기 때문에 일본, 스웨덴, 독일 등 여러 나라가 분리배출과 분리수거를 시행하고 있어요.

그런데 분리수거를 하지 않는 나라도 많다는 사실, 알고 있나요? 미국의 경우 주 마다 다르지만 대부분 분리수거를 하지 않는다고 해요. 분리수거를 위해선 분리수거 의 필요성을 **인식**하고, 시스템을 마련해야 하는데 인구가 많고, 주마다 법이 다른 미 국에서 제도를 일정하게 시행하기 어렵다고 해요. 제도를 시행하기까지 비용과 시간 도 많이 들지요.

또한 미국은 선진국 가운데 유일하게 '바젤 협약'에 가입하지 않았어요. '바젤 협약' 은 부유한 나라가 가난한 나라에 유해 물질을 떠넘기는 것을 규제하기로 약속한 협 약인데, 미국은 대기업에서 반대한다는 이유로 협약을 하지 않았답니다.

미국은 한 명당 세계 평균의 3배에 달하는 양의 쓰레기를 버리고 있어요. 그러니 쓰 레기 분리수거를 실시해 환경을 지키는 환경 선진국으로 탈바꿈하길 기대해 봅니다.

 콘텐츠 정리하기

1 분리수거에 대한 설명으로 옳은 것은 O, 틀린 것은 X표를 하세요.

1) 우리나라는 1995년부터 쓰레기 종량제 및 쓰레기 분리수거를
시행했다. ☐

2) 분리수거를 실시하는 나라는 전 세계에서 우리나라뿐이다. ☐

3) 부유한 나라가 가난한 나라에 유해 물질을 떠넘기지 않기로 한
약속을 바젤 협약이라고 한다. ☐

2 빈칸에 알맞은 어휘를 골라 써 보세요.

시행, 인식, 종량제

1) 시민들의 다문화 가정에 대한 (   )이 부족하다.

2) 새로운 제도 (   )을 앞두고 하루 전 취소했다.

3) 김장 쓰레기는 일반 (   ) 봉투에 버려야 한다.

 콘텐츠 확장하기

▶ 쓰레기 분리수거 홍보 문구를 써 보세요.

▶ 관련 검색어로 배경지식을 확장해 보세요.

🔍 **분리배출(分離排出)** 🎤 📷

쓰레기를 종류별로 나누어 버리
는 거예요. 세상에 모든 쓰레기
를 태우거나 묻게 되면 공기와 흙
이 모두 오염되지요. 자원이 부족
한 우리나라는 자원 순환을 위해
반드시 분리배출을 해야 해요.

🔍 **바젤 협약(Basel Convention)** 🎤 📷

스위스 바젤에서 채택된 협약으로, 유해 폐
기물을 다른 나라에 함부로 버리지 않기로
약속한 거예요. 우리나라는 1994년 바젤
협약에 가입했어요. 유해 폐기물을 수출입
할 때 국가간 동의가 필요하며, 남극에는
폐기물을 버릴 수 없다는 내용이 있어요.

관련 동영상

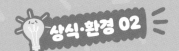
두 번 버려지는 유기 동물 실태!

여기가 어디예요?
집에 가고 싶어요...

주인에게 버려진 유기 동물! 주인에게 버려진 동물들은 어떻게 될까요? 유기 동물의 실태를 알아보겠습니다.

오늘의 키워드 #반려동물 #동물등록제

더 보기

　최근 정부에서 실시한 2020년 인구주택총조사에 따르면 우리나라 전체 가구 가운데 15퍼센트에 달하는 가구가 반려동물을 키우고 있다고 합니다. 하지만 늘어난 반려동물만큼 길가에 버려지는 반려동물도 많아지고 있다고 해요.

　반려동물이 버려지는 이유는 여러 가지예요. 주인이 동물을 잃어버린 경우도 있지만, **유기** 동물 대부분은 주인의 마음이 바뀌어 버려진 경우입니다. 크게 짖는다거나 무는 등 반려견의 행동을 감당할 수 없어서 버리는 경우도 있고, 아주 큰 병에 걸려 수술비를 내야 한다거나 주인의 결혼, 출산, 이사, 유학 등의 이유로 버려지기도 합니다. 이렇게 버려진 동물은 길에서 **방황**하다가 차에 치이거나, 병에 걸리는 등의 어려움을 겪게 돼요. 다행히 동물이 구조되면 **지방자치단체**에서 운영하는 동물 보호소로 가게 됩니다.

　동물 보호소는 유기 동물이 새로운 주인을 만날 때까지 맡아 일정 기간 보호하는 곳이에요. 그런데 보호소 생활을 하는 열흘 동안 새로운 주인을 만나지 못하게 되면 **안락사**를 시켜요. 동물을 관리하는 인력과 시설이 한정되어 있고, 많은 동물이 함께 있으면 전염병 등의 문제가 생길 수 있기 때문이지요.

　정부는 유기 동물 발생을 줄이고, 동물을 보호하기 위해 동물등록제를 실시하고 있어요. 반려동물을 등록하지 않으면 과태료 100만 원을 내야 한답니다.

콘텐츠 정리하기

1 유기 동물에 대한 설명으로 옳은 것은 ○, 틀린 것은 ×표를 하세요.

1) 반려동물은 증가했지만 유기 동물은 줄어들고 있다. ☐

2) 동물 보호소는 유기 동물이 새 주인을 찾을 때까지 오랜 시간
   보호해 준다. ☐

3) 반려동물을 등록하지 않으면 과태료 100만 원을 내야 한다. ☐

2 왼쪽 글을 읽고 빈칸에 알맞은 어휘를 찾아 써 보세요.

1) 주인이 동물을 잃어버린 경우도 있지만, (   ) 동물 대부분은
   주인의 마음이 바뀌어 버려진 경우이다.

2) 유기 동물이 (   )되면 지방자치단체에서 운영하는 동물 보호
   소로 가게 된다.

3) 정부는 동물을 보호하기 위해 (   )를 실시하고 있다.

콘텐츠 확장하기

▶ 동물을 버리는 사람에게 하고 싶은 말을 써 보세요.

_____

▶ 관련 검색어로 배경지식을 확장해 보세요.

🔍 **반려동물**(伴侶動物) 🎤 📷

인간이 좋아하여 가까이 두고 기르
는 동물을 말해요. 반려동물을 키우
기 전에는 신중해야 해요. 제대로 키
우기 위해서는 비용과 시간이 많이
듭니다. 그러니 가족 모두 반려동물
을 키우는 데 찬성해야 하며, 키우
려는 동물에 대한 공부도 필요해요.

🔍 **동물등록제**(動物登錄制度) 🎤 📷

반려동물의 보호와 유실 및 유기 방지를
위해 반려인이 자신의 반려동물을 시·
구·군에 등록하도록 동물보호법을 통해
의무화한 제도예요. 신청 서류를 작성하
면 반려동물에게 무선 식별 장치를 장
착한답니다.

> 클릭! <
어휘 설명

● **방황(彷徨)** 이리저리
헤매어 돌아다님.

● **안락사(安樂死)** 극심
한 고통을 받고 있는
불치의 환자에 대해,
본인 또는 가족의 요
구에 따라 고통이 적
은 방법으로 생명을
단축하는 행위.

● **유기(遺棄)** 내다 버
림.

● **지방자치단체(地方自
治團體)** 국가 영토 일
부를 구역으로 하여,
구역 안에서 법이 인
정하는 한도의 지배
권을 갖는 단체. 주민
의 생활과 편의에 관
한 업무를 처리함.

관련 동영상

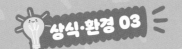
남은 약, 아무 데나 버리면 안 돼요

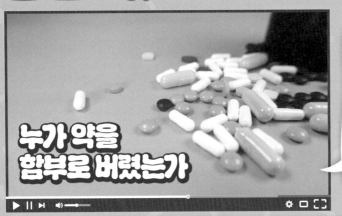

누가 약을
함부로 버렸는가

설문 조사에 따르면 우리 나라 절반이 넘는 사람이 폐의약품을 쓰레기통이나 하수구에 그냥 버린다고 답했습니다. 남은 약, 그냥 버려도 괜찮을까요?

오늘의 키워드 #의약품 #수질오염

 **더 보기**

　폐의약품은 변질되었거나 더 이상 복용하지 않아 버려야 하는 약품을 말해요. 그런데 이렇게 함부로 버린 의약품이 수질오염과 토양오염을 일으키고 생태계를 어지럽게 만드는 **주범**이 된다고 합니다.

　땅에 **매립**되거나 하수구를 통해 버려진 의약품의 독한 성분은 토양을 오염시키는 한편 강물로 흘러들어가 수질오염의 원인이 돼요. 환경부가 우리나라 **식수원**인 한강, 낙동강, 금강, 영산강 등 4대강의 물과 폐수·하수처리장의 물을 조사한 결과 강물에서 **항생제** 성분이 검출되었다고 합니다. 항생제에 많이 노출되어 내성이 생긴 미생물은 어떤 항생제에도 죽지 않는 슈퍼 박테리아까지 만들어 사람을 감염시킬 수 있다고 해요.

　아무렇게나 버려진 의약품 성분은 물고기의 기형을 유발하기도 한답니다. 영국 엑시터 대학의 연구에 따르면 강에 버려진 피임약이나 항우울제 때문에 수컷 민물고기 20퍼센트가 성별이 전환되었거나 암수 두 가지 성질이 혼합되었다고 해요. 이렇게 오염된 식수를 먹는다면 사람에게도 엄청나게 큰 문제를 줄 수 있겠지요?

　그렇다면 남은 의약품은 어떻게 버려야 할까요? 약국이나 보건소에 놓인 폐의약품 수거함에 버리는 것이 가장 안전합니다. 일부 지방자치단체에서는 우체통에 알약을 버리면 수거한다고 하니 여러분이 사는 곳에서는 남은 약을 어디에 버리는지 꼭 알아보고 버리세요.

❶ 폐의약품이란 무엇인지 왼쪽 글에서 찾아 써 보세요.

❷ 빈칸에 알맞은 어휘를 골라 써 보세요.

> 식수원, 매립, 항생제, 주범

1) 가뭄으로 (   )인 낙동강 수량이 줄었다.

2) 감기가 심해져 병원에서 (   )를 처방받았다.

3) 농약은 땅을 오염시키는 (   )이다.

4) 우리 마을은 하천을 (   )해서 만든 땅 위에 지어졌다.

콘텐츠 확장하기

▶ 올바른 폐의약품 폐기 방법 홍보 문구를 써 보세요.

▶ 관련 검색어로 배경지식을 확장해 보세요.

🔍 **의약품(醫藥品)** 🎤 📷

병을 치료하거나 증상을 일시적으로 낫게 하는 물질로 보통 약이라고 해요. 약은 캡슐이나 액체로 되어 먹을 수 있는 경구약과 눈이나 귀에 넣는 외용제, 몸속에 주사하는 주사제로 나뉘어요. 화학물질이나 천연물 등을 섞어 만든답니다.

🔍 **수질오염(水質汚染)** 🎤 📷

하천이나 항만, 바다 등에 공장 폐수, 생활 폐수, 분뇨나 쓰레기 따위의 물질이 들어가면서 오염되는 현상을 말한답니다. 토양오염, 대기오염과 더불어 3대 환경오염에 속해요.

관련 동영상

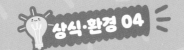

우리나라가 사막에 나무를 심은 이유

몽골 숲 만들기, 놓치지 않을 거예요!

우리나라 사람이 거의 20년 동안 몽골에 가서 나무를 심고 있다는 사실 알고 있나요? 우리나라는 왜 몽골까지 가서 나무를 심고 관리해 주는 걸까요?

오늘의 키워드 #사막화 #유목

더 보기

몽골은 우리나라 위쪽에 있는 아시아의 **내륙** 국가예요. 바다와 멀어 해양의 영향을 거의 받지 못해 춥고 건조한 기후가 특징이지요. 이로 인해 전 국토의 40퍼센트 정도가 사막화되어 있어요. 봄철 우리나라에 불어오는 **황사** 대부분이 중국이나 몽골 사막에서 불어오고 있었답니다.

1990년대만 해도 봄철 황사 피해는 아주 심각했어요. 황사는 토양의 산성화를 막는 긍정적인 효과도 있지만 인간에게는 호흡기 질환과 눈병을 **유발**할 뿐 아니라 항공, 운수, 건축 산업에 피해를 주었답니다.

우리나라 사람들은 황사를 막기 위한 근본 대책을 찾고자 황사 발원지인 몽골을 찾아갑니다. 그리고 2008년 몽골의 사막을 줄이기 위해 숲을 가꾸는 **조림** 사업을 실시하기로 했어요. 처음 몽골 사막에 숲을 가꾸는 데에 많은 어려움이 있었다고 해요. 몽골 사막은 춥고 건조한 기후로 나무를 심어도 오래 살아남지 못했어요. 또한 유목민이 키우는 가축이 풀과 나무를 먹어 버리기도 했지요.

하지만 나무를 심는 봉사자들은 포기하지 않았습니다. 춥고 건조한 기후도 잘 견디는 나무를 심었고, 가축이 나무를 먹어 없애면 또 심었어요. 그 결과 풀 한 포기 자라기 어려웠던 사막에 푸른 풀과 나무들을 볼 수 있게 되었고, 지금은 황사 피해도 많이 줄었답니다.

콘텐츠 정리하기

클릭!
어휘 설명

① 콘텐츠 내용을 요약한 문장에 O표를 하세요.

- 몽골의 부탁을 받고 몽골 사막에 나무를 심었다는 내용

- 우리나라 황사 피해를 줄이기 위해 몽골 사막에 나무를 심었다는 내용

② 본문에 대한 설명으로 옳은 것은 O, 틀린 것은 X표를 하세요.

1) 우리나라 황사는 대부분 일본에서 불어온다.

2) 우리나라의 노력으로 몽골 사막에 풀과 나무가 자랐다.

3) 몽골 사막에 나무를 심는 일은 매우 수월했다.

4) 사막화를 막으려면 나무를 심어야 한다.

- **내륙(內陸)** 바다에서 멀리 떨어져 있는 육지.

- **유발(誘發)** 어떤 것이 다른 일을 일어나게 함.

- **조림(造林)** 나무를 심거나 씨를 뿌리거나 하는 따위의 인위적인 방법으로 숲을 조성함.

- **황사(黃砂)** 중국 대륙의 사막이나 황토 지대에 있는 가는 모래가 강한 바람으로 인하여 날아올랐다가 점차 내려오는 현상.

콘텐츠 확장하기

▶ 사막화된 지구를 본 외계인의 입장이 되어 글을 써 보세요.

▶ 관련 검색어로 배경지식을 확장해 보세요.

🔍 **사막화(沙漠化)** 🎤 📷

자연이나 인간의 활동으로 인해 지역이 건조해져서 사막처럼 되어 가는 현상이에요. 현재 지구 육지의 약 1/3 정도가 건조 또는 반건조 지역으로 사막화가 되고 있어요. 사막화는 매우 다양한 요인으로 진행되는데 사막화를 막으려면 나무를 많이 심어야 해요.

🔍 **유목(遊牧)** 🎤 📷

일정한 곳에 살지 않고 물과 풀밭을 찾아 옮겨 다니면서 목축하는 삶을 말해요. 유목 생활을 하는 사람은 유목민이라고 해요. 요즘은 노트북이나 스마트폰 같은 전자 기기로 장소 상관없이 일하는 사람을 가리켜 디지털 유목민이라고도 해요.

관련 동영상

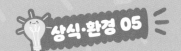
MBTI, 믿어도 될까?

너 혹시 T야?

> ◇ 혹시 여러분도 자신에게 공감해 주지 않고 뼈 때리는 한마디를 하는 친구에게 "너 T야?"라고 물어본 적이 있나요? 오늘은 우리 생활 깊숙이 들어와 있는 MBTI를 알아보아요.

오늘의 키워드 #외향형 #내향형

 **더 보기**

MBTI는 소설가인 엄마 캐서린 쿡 브릭스와 딸 이자벨 브릭스 마이어스가 함께 만든 성격 **유형** 검사로 '마이어스 브릭스 유형 지표(Myers-Briggs Type Indicator)'의 줄임말이에요.

에너지의 방향에 따라 외향형(E)과 내향형(I), 사람이나 사물을 인식하는 방식에 따라 감각형(S)과 직관형(N), 어떤 기준으로 판단하는지에 따라 사고형(T)과 감정형(F), 생활 방식에 따라 판단형(J)과 인식형(P)으로 나눕니다. 이 네 가지 **성향**이 어떻게 조합되느냐에 따라 성격 유형이 16가지로 나뉘어요.

우리나라에서는 여전히 MBTI가 인기를 끌고 있습니다. 서로 소개할 때 MBTI를 묻는 것은 기본이고, 심지어 어떤 기업에서는 **구직자**의 MBTI를 **채용** 기준으로 삼는다고 해 논란이 일기도 했어요. 그런데 MBTI를 100퍼센트 믿어도 될까요?

MBTI는 장점도 있지만 한계도 있습니다. 첫째, MBTI는 성격을 너무 이분법으로 나눈다는 문제가 있어요. 완벽한 내향형과 완벽한 외향형만 있는 것이 아니라 같은 사람이라도 상황이나 기분에 따라 성향이 바뀔 수 있어요. 그러나 MBTI는 성격의 다채로움을 단순하게만 나타내 현실을 잘 **반영**하지 못한다는 비판을 받아요.

둘째, 응답자가 자기 모습을 주관적으로 평가하여 점수를 매기기 때문에 같은 성격이라도 사람에 따라 MBTI가 달라질 수 있답니다. 그러니 MBTI를 잣대로 다른 사람을 평가하지 않는 것이 좋아요.

 **콘텐츠 정리하기**

1 MBTI에 대한 설명으로 옳은 것은 O, 틀린 것은 X표를 하세요.

⋛ **클릭!** ⋚
어휘 설명

1) MBTI는 네 가지 성향이 어떻게 조합되느냐에 따라 성격을
16가지로 나눈다.

2) MBTI는 과학적이기 때문에 100퍼센트 믿을 수 있다.

3) 친구를 사귈 때 MBTI부터 확인하는 것이 좋다.

- **구직자(求職者)** 일자
리를 구하는 사람.

- **성향(性向)** 성질에 따
른 경향.

- **유형(類型)** 성질이나
특징 따위가 공통적
인 것끼리 묶은 하나
의 틀.

- **채용(採用)** 사람을 골
라서 씀.

2 왼쪽 글을 읽고 빈칸에 알맞은 어휘를 찾아 써 보세요.

1) 에너지의 방향에 따라 외향형과 (   )으로 나눈다.

2) MBTI는 성격을 너무 (   )으로 나눈다는 문제가 있다.

3) 구직자의 MBTI를 (   ) 기준으로 삼는다고 해 논란이 일었다.

콘텐츠 확장하기

▶ MBTI를 100퍼센트 확신해서 자신과 맞는 MBTI만 사귀려는 친구
에게 하고 싶은 말을 써 보세요.

_____

_____

▶ 관련 검색어로 배경지식을 확장해 보세요.

🔍 **외향형(外向型)**   🎤 📷

외부 사건, 다른 사람, 사물에 대해
여러모로 판단하거나 호기심을 갖
는 성향을 말해요. 외부 세계에 적
극적인 관심을 보이고, 다른 사람
을 잘 사귀며 낯선 환경에 대한 두
려움이 없어요.

🔍 **내향형(內向型)**   🎤 📷

정신과 의사이자 분석 심리학을 창시한
칼 구스타프 융이 제안한 개념이에요. 내
향형은 심리적 에너지 방향이 마음속, 즉
자기 자신에 더 많은 관심을 가지는 성향
이에요. 고독과 사생활을 즐기며 자기 외
의 관계에서 불편함을 느끼기도 하지요.

관련 동영상

지구를 구하는 시간, 어스 아워

지구도 좀 쉬자!

Earth Hour

◆ 매년 3월 마지막 토요일, 한 시간 동안 지구가 깜깜해집니다. 바로 '어스 아워' 캠페인 덕분이에요. 지구를 위해 어스 아워에 동참하는 사람이 점점 늘고 있다고 합니다.

오늘의 키워드 #지구온난화

더 보기

대낮 같이 환한 도시의 밤, 도로를 따라 쉴 새 없이 달리는 자동차들, 가정과 공장에서 끊임없이 내뿜는 이산화탄소. 오늘도 인간은 무언가를 생산하며 지구에 탄소 발자국을 남기고 있습니다. '탄소 발자국'이란 인간이 직간접적으로 발생시키는 이산화탄소의 **총량**을 나타내는 지수예요. 배출된 이산화탄소 등의 온실가스는 지구의 기후를 서서히 변화시켜 지구온난화 같은 **이상기후** 문제를 일으키고 있어요.

'어스 아워(Earth Hour)'는 세계자연기금(WWF)이 주최하는 행사로 매년 3월 마지막 주 토요일 저녁 8시 30분부터 한 시간 동안 이루어집니다. 전등을 끔으로써 기후 위기 및 환경 파괴의 심각성을 알리고 이산화탄소 배출을 실질적으로 줄이기 위한 운동이에요. 2007년 호주에서 처음 시작되었으며, 현재는 190여 개국 7,000여 개 도시의 주요한 장소와 가정에서 시행될 정도로 많은 사람이 **동참**하는 **캠페인**으로 자리 잡았습니다.

어떤 사람들은 한 시간 동안 불을 끈다고 얼마나 대단한 **효과**가 있냐며 되묻기도 해요. 하지만 어스 아워 캠페인은 기후 위기의 심각성을 널리 알리는 효과가 있어요. 또한 이 순간에도 끊임없이 발생하는 이산화탄소 배출을 단 한 시간만이라도 멈출 수 있답니다. 이렇게 지구를 생각하는 마음 하나하나가 모인다면 큰 변화를 만들 수 있지 않을까요?

콘텐츠 정리하기

1 어스 아워는 언제 하는 캠페인인지, 왜 하는지 써 보세요.

- 어스 아워 하는 날:

- 어스 아워 목적:

2 빈칸에 알맞은 어휘를 골라 써 보세요.

> 동참, 총량, 효과, 캠페인

1) 강수량은 일정한 지역에 내린 물의 (　　　　　)이다.

2) 많은 사람들이 환경을 살리기 위한 봉사에 (　　　　　)했다.

3) 동물 보호를 위한 (　　　　　)에 유명 인사들이 동참했다.

4) 학급 규칙을 교실 문에 붙여 놓으니 제법 (　　　　　)가 있었다.

클릭! 어휘 설명

- **동참(同參)** 어떤 모임이나 일에 같이 참가함.

- **이상기후(異常氣候)** 기온이나 강수량 따위가 정상적인 상태를 벗어난 상태.

- **총량(總量)** 전체의 양(量) 또는 무게.

- **캠페인(Campaign)** 사회·정치적 목적 따위를 위하여 조직적이고도 지속적으로 행하는 운동.

- **효과(效果)** 어떤 목적을 지닌 행위에 의하여 드러나는 보람이나 좋은 결과.

콘텐츠 확장하기

▶ 어스 아워를 홍보하는 문구를 써 보세요.

▶ 관련 검색어로 배경지식을 확장해 보세요.

🔍 **지구온난화**(地球溫暖化, Global Warming)　🎤 📷

오랜 시간에 걸쳐 지구의 평균 지표면 기온이 올라가는 것을 의미해요. 산업혁명 이후 이산화탄소나 메탄 같은 온실가스가 급격히 많아지면서 지구가 산업화 이전에 비해 1.2도나 상승했으며 지금도 계속 뜨거워지고 있답니다. 지구 표면 온도가 2도 상승하면 그린란드 전체가 녹아 미국 맨하튼이 바다에 잠긴다고 해요.

관련 동영상

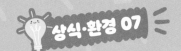

700만 캠핑 시대! 캠핑의 매력은?

자연에서 먹고 자요~

캠핑족들은 하늘을 지붕 삼아 자연의 아름다움을 즐기며 야외에서 먹고 잡니다. 도대체 캠핑의 매력이 무엇이기에 캠핑을 즐기는 사람들이 많아진 걸까요?

오늘의 키워드   #캠핑족 #비대면 문화

더 보기

캠핑이란 산이나 바다 같은 자연에서 텐트를 치고 생활하는 여가 활동입니다. 2022년 한국무역통계진흥원에 따르면 우리나라 캠핑 인구가 700만 명에 이른다고 해요. 또한 캠핑 관련 물품을 사고파는 시장의 규모도 6조 원을 넘어섰다고 하니 캠핑이 얼마나 사랑받는지 알 수 있어요.

우리나라에서 캠핑이 인기를 끌게 된 이유는 무엇일까요? 전문가는 코로나바이러스 전염병 이후 비대면 문화가 널리 퍼졌고, 건강에 관심이 많아지면서 **한적한** 곳에서 쉬려는 사람이 늘어났기 때문이라고 설명해요. 많은 사람이 북적북적 몰리는 관광지보다는 아름다운 자연을 즐기며 가족이나 지인끼리 모이는 **소규모** 모임을 좋아하게 된 것이지요.

그렇다면 캠핑족이 말하는 캠핑의 **매력**은 무엇일까요? 가장 먼저 자연의 아름다움을 즐기고 도시 생활의 스트레스를 **해소**할 수 있다는 점을 꼽습니다. 캠핑은 주로 **자연경관**이 아름다운 곳에서 이루어져요. 까만 밤하늘을 수놓은 별들, 경이로운 일출과 일몰, 계절의 변화를 몸소 느끼다 보면 긴장이 풀리고 마음이 편안해진다고 합니다. 하지만 쓰레기나 공공시설 사용 등 캠핑 후 뒤처리 문제로 눈살을 찌푸리게 하는 경우도 있어요.

모두가 함께 자연을 즐기려면 쓰레기는 집으로 가져가고, 설거지는 지정된 곳에서만 하는 등 시민 의식을 키워야 해요.

콘텐츠 정리하기

1 콘텐츠 내용을 요약한 문장에 O표를 하세요.

- 캠핑 인구가 늘게 된 이유와 캠핑의 매력을 설명한 글 ☐

- 비대면 문화가 확산하게 된 원인을 설명한 글 ☐

2 빈칸에 알맞은 어휘를 골라 써 보세요.

> 매력, 소규모, 해소, 한적

1) 지역감정 (　　　　　)를 위한 대화의 장이 마련되었다.

2) 평일이라 그런지 놀이동산이 매우 (　　　　　)했다.

3) 이모의 결혼식은 가족 친지만 모인 (　　　　　)로 진행됐다.

4) 웃을 때 들어가는 보조개가 내 (　　　　　)이다.

콘텐츠 확장하기

▶ 부모님과 함께하고 싶은 캠핑 장소를 검색해 써 보세요.

_____

▶ 관련 검색어로 배경지식을 확장해 보세요.

🔍 **캠핑족(Camping族)** 🎤 📷

캠핑을 좋아하고 취미로 하는 사람들을 통틀어 이르는 말이에요. '족族'은 겨레, 민족을 뜻하는 한자예요. 만주족, 게르만족처럼 어떤 민족 이름 뒤에 붙었지요. 요즘은 캥거루족처럼 어떤 특성을 가지는 사람의 무리를 말할 때 쓰기도 합니다.

🔍 **비대면 문화**(非對面 文化) 🎤 📷

코로나바이러스감염증-19는 2019년 중국 우한시에서 시작돼 3개월 만에 전 세계에 퍼져 수 많은 사람을 감염시켰어요. 감기처럼 쉽게 전염되면서 치사율도 높았지요. 때문에 여러 사람이 한꺼번에 모이거나 직접 만나지 않고 집에서 컴퓨터나 스마트폰 등 온라인을 활용해 만나는 비대면 문화가 생겨났어요.

관련 동영상

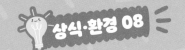
일주일에 카드 한 장씩 먹고 있다고?

플라스틱 맛으로 주세요!

◇ 사람은 플라스틱 통에 담겨 있는 물을 마시고, 플라스틱 섬유로 만들어진 옷을 입습니다. 그런데 우리가 모르는 사이 일주일에 플라스틱 카드 한 장씩 먹고 있다면 믿을 수 있나요?

오늘의 키워드　#미세 플라스틱 #해양오염　

더 보기

　　　플라스틱은 열과 **압력**을 이용해 원하는 형태의 물체를 손쉽게 만들 수 있어요. 때문에 옷이나 가방과 같은 **합성섬유**, 자동차나 가전제품, 음식 포장재 등 다양한 곳에 활용되고 있습니다. 그런데 가정과 산업체에서 버리는 플라스틱 폐기물로 인해 환경이 파괴되고 있어요.

　　첫째, 플라스틱은 바다를 오염시키는 해양오염의 원인 중 하나예요. 땅에서 제대로 처리되지 못한 플라스틱 폐기물은 하천이나 강물을 타고 바다로 **유입**됩니다. 바다거북, 고래와 같은 해양 동물은 플라스틱 컵이나 비닐봉지를 해파리 같은 먹이로 착각해 병에 걸리거나 심한 경우 죽음에 이릅니다.

　　둘째, 플라스틱은 대기를 오염시켜 기후변화를 유발해요. 플라스틱을 만드는 데는 엄청난 양의 화석연료가 사용되는데 이때 기후변화에 영향을 미치는 탄소가 배출되지요.

　　셋째, 인간이나 동물이 미세 플라스틱을 먹게 됩니다. 미세 플라스틱은 우리가 입고 먹는 것에 조금씩 남아 있어 성인의 경우 자신도 모르게 일주일에 5그램이나 먹게 됩니다. 이렇게 모르고 먹는 미세 플라스틱이 몸에 쌓이면 **염증**을 일으켜요.

　　플라스틱으로 인한 피해를 줄이려면 어떻게 해야 할까요? 가능하면 플라스틱이 아닌 물병과 용기를 써요. 특히 플라스틱으로 만든 일회용품 소비를 줄이는 것이 큰 도움이 된답니다.

 **콘텐츠 정리하기**

1 콘텐츠 내용을 요약한 문장에 O표를 하세요.

- 플라스틱 활용 분야를 소개하는 내용 ☐

- 플라스틱으로 인한 여러 가지 피해를 알리는 내용 ☐

2 플라스틱으로 인한 피해를 정리해 보세요.

- 첫째: _____

- 둘째: _____

- 셋째: _____

콘텐츠 확장하기

▶ 플라스틱을 줄이기 위해 실천할 수 있는 일을 조사해 써 보세요.

_____

_____

_____

▶ 관련 검색어로 배경지식을 확장해 보세요.

🔍 **미세 플라스틱(Microplastic)** 🎤 📷

1마이크로미터에서 5밀리미터 크기의 플라스틱을 말해요. 처음부터 작게 만들어진 플라스틱도 있지만 페트병이나 플라스틱, 비닐봉지가 작게 부서져 생기기도 해요. 플라스틱 쓰레기는 매년 수백만 톤씩 바다로 흘러가는데, 해양 생물이 이를 먹게 되어 큰 문제가 되고 있어요.

🔍 **해양오염(海洋汚染)** 🎤 📷

선박이나 해양 시설 따위에서 기름이나 폐기물을 바다에 버려 바다가 더러워지는 것을 말해요. 기름 유출뿐 아니라 쓰레기나 생활 폐수로 오염된 강이 바다로 흘러들어 오염되기도 하고, 방사성폐기물 때문에 오염되기도 해요.

**클릭!
어휘 설명**

- **압력(壓力)** 두 물체가 닿는 면을 경계로 하여 서로 그 면에 수직으로 누르는 힘.

- **염증(炎症)** 인체 조직이 손상을 입었을 때 몸 안에서 일어나는 방어 반응.

- **유입(流入)** 액체나 기체, 열 따위가 어떤 곳으로 흘러듦.

- **합성섬유(合成纖維)** 석유, 석탄, 천연가스 따위를 원료로 하여 화학적으로 합성한 섬유. 나일론, 비닐론, 폴리에스테르 따위가 있다.

관련 동영상

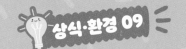

음식물 쓰레기의 하루

그렇다고 너무 많이 버리진 마세요!

우리나라에서 하루 약 1만 4000여 톤의 음식물 쓰레기가 배출된다고 합니다. 이렇게 발생한 음식물 쓰레기는 어디로 가는 걸까요?

오늘의 키워드 #음식물 쓰레기 종량제

더 보기

　　우리나라 각 가정이나 가게에서 나온 음식물 쓰레기는 '음식물 쓰레기 종량제'에 따라 처리되고 있어요. 음식물 쓰레기 종량제란, 2013년도부터 시행된 제도로 시·군·구에서 판매하는 **규격** 봉투 및 **납부** 칩을 사용해 지정된 장소에 음식물 쓰레기를 버리는 제도랍니다. 따라서 쓰레기를 배출하는 사람은 쓰레기를 배출하는 양에 따라 처리 비용을 내게 됩니다.

　　왜 음식물 쓰레기를 따로 버리냐고요? 다른 쓰레기와 분리 배출함으로써 음식물을 자원으로 재활용하기 위해서예요. 그런데 남은 음식물을 재활용하다니 상상이 잘 안 되죠? 음식물 쓰레기는 다음과 같은 과정을 거쳐 사료나 **비료**로 탈바꿈해요.

　　우선 배출된 음식물은 각 지역의 자원순환센터로 보내집니다. 그런 다음 수작업으로 이물질을 **선별**해요. 음식물에서 이물질을 골라낸 다음 다시 한 번 기계로 정교하게 이물질을 분리합니다. 이렇게 이물질을 완벽히 제거한 뒤 젖어 있는 음식물의 물기를 털어 내요. 이어서 안전하고 위생적인 사료를 만들기 위해 살균과 **발효**를 진행합니다. 마지막으로 여러 가지 가공을 거친 음식물 쓰레기를 잘게 분쇄한 다음 곡물 성분과 섞어 줍니다.

　　이렇게 여러 과정을 거친 음식물 쓰레기는 밭에 뿌리는 비료나 가축이 먹는 사료가 되지요. 그러니 음식물을 버릴 때는 딱딱한 껍데기나 뼈, 가시, 쓰레기는 빼고 버려야 해요.

 **콘텐츠 정리하기**

1 음식물에 대한 설명으로 옳은 것은 O, 틀린 것은 X표를 하세요.

1) 사료를 만들기 위해 음식물을 많이 버려야 한다. ☐

2) 음식물 쓰레기는 위생적인 가공을 통해 사료나 비료가 된다. ☐

2 빈칸에 알맞은 어휘를 골라 써 보세요.

> 규격, 납부, 발효, 선별

1) 매달 말일까지 태권도 수강료를 (   )해야 한다.

2) 청국장은 몸에 좋은 (   ) 식품이다.

3) 코로나바이러스 검사를 위해 (   ) 진료소에 도착했다.

4) 쓰레기는 반드시 (   ) 봉투에 담아 버려야 한다.

콘텐츠 확장하기

▶ 음식물 쓰레기를 줄일 수 있는 방법을 검색해 써 보세요.

_____

_____

▶ 관련 검색어로 배경지식을 확장해 보세요.

🔍 **음식물 쓰레기 종량제** 🎤 📷

우리나라는 2005년부터 음식물 쓰레기를 땅에 묻는 것을 금지했어요. 음식물 쓰레기를 땅에 묻으면 토양이 오염되고, 비가 내리면 토양을 거친 오염된 빗물이 강과 바다까지 흘러가 해양오염을 일으키기 때문이지요. 그래서 2013년부터 음식물 쓰레기 종량제를 시행했어요. 1994년에는 음식물 쓰레기의 97.3퍼센트를 땅에 묻었지만 음식물 쓰레기 종량제 이후 94.3퍼센트를 재활용하게 됐답니다.

관련 동영상

- **규격(規格)** 제품이나 재료의 품질, 모양, 크기, 성능 따위의 일정한 표준.

- **납부(納付)** 세금이나 공과금 따위를 관계 기관에 냄.

- **발효(醱酵)** 효모나 세균 따위의 미생물이 유기 화합물을 분해해 에너지를 얻는 작용.

- **비료(肥料)** 경작지에 뿌리는 영양 물질.

- **선별(選別)** 가려서 따로 나눔.

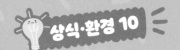

썩지 않는 햄버거의 진실은?

햄버거 몇 년까지 안 썩는지 궁금하신 분?

빠르고 간편하게 한 끼를 대체할 수 있어 많은 사람이 즐겨 먹는 햄버거. 그런데 오랜 시간 방치해 둔 햄버거가 썩지 않는다면 믿을 수 있나요?

오늘의 키워드 #패스트푸드 #식품첨가물

더 보기

영국의 약초학자 초파니에가 한 패스트푸드점 햄버거를 가지고 독특한 실험을 했어요. 햄버거가 시간이 **경과**하면 어떤 상태로 변하는지 살펴봤답니다. 초파니에는 1년 넘게 보관하고 있던 햄버거를 찍어 자신의 SNS에 올렸습니다. 영상 속 햄버거는 1년 전 구매한 햄버거라는 것이 믿기지 않을 정도로 벌썽했습니다. 초파니에는 영상 속에서 "양상추는 여전히 푸르며 고기 패티나 빵도 곰팡이 흔적 없이 새것과 비슷하다."고 말했어요.

누리꾼들은 패스트푸드점에서 햄버거에 방부제 같은 식품첨가물을 쓰는 것이 아니냐는 **의혹**을 제기했어요. 물을 주고 기르는 채소가 아닌 이상 음식은 시간이 지나면서 마르거나 상하는 것이 정상인데, 햄버거가 1년 넘게 멀쩡하다는 것이 비정상적이라는 의견이 많았답니다. 이에 패스트푸드 본사는 "햄버거를 건조한 환경에서 보관하면 곰팡이나 **박테리아**의 성장이 **억제**되어 썩지 않을 수 있다."는 입장을 밝혔습니다.

사실 햄버거가 오랜 시간 썩지 않은 경우는 이번이 처음이 아니에요. 2022년 한 미국 남성은 5년 전 구입한 햄버거가 썩지 않았다면서 사진을 공개했습니다. 또한, 한 아이슬란드 남성이 2009년에 구매한 햄버거와 감자튀김도 10년 넘게 썩지 않아 화제가 된 적이 있었지요. 이 햄버거는 현재까지도 여전히 썩지 않은 채로 아이슬란드의 한 호텔에 전시되어 있다고 합니다. 도대체 썩지 않는 햄버거의 진실은 무엇일까요?

콘텐츠 정리하기

1 햄버거에 대한 설명으로 옳은 것은 O, 틀린 것은 X표를 하세요.

1) 패스트푸드 본사는 햄버거를 건조한 환경에서 보관하면 썩지 않을 수 있다고 주장했다. ☐

2) 누리꾼이 썩지 않는 햄버거를 보고 식품첨가물 사용 의혹을 제기했다. ☐

2 빈칸에 알맞은 어휘를 골라 써 보세요.

> 경과, 억제, 의혹

1) 다이어트 약품이 과장 광고를 했다는 (　　　　　)을 받고 있다.

2) 상처가 완전히 나을 때까지 (　　　　　)를 지켜봐야 한다.

3) 소독약으로 세균 감염을 (　　　　　)할 수 있다.

콘텐츠 확장하기

▶ 자주 먹는 간식 포장지에 있는 원재료명을 보고 어떤 식품첨가물이 들어 있는지 써 보세요.

▶ 관련 검색어로 배경지식을 확장해 보세요.

🔍 **패스트푸드(Fast food)** 🎙️ 📷

우리가 흔히 알고 있는 패스트푸드 형태는 맥도날드 형제의 식당에서 시작되었어요. 형제는 음식을 빠르게 조리하는 수 있는 공장식 조리로 많은 돈을 벌었고, 이후 여러 패스트푸드 브랜드가 생겼답니다.

🔍 **식품첨가물(食品添加物)** 🎙️ 📷

식품은 맛과 보존을 위해 감미료, 보존료, 산화방지제 등 여러 가지 인공 첨가물을 넣어요. 이것을 식품첨가물이라고 하지요. 공장에서 만드는 과자, 라면, 통조림, 음료, 음식 등 거의 대부분 제품에 식품첨가물이 들어가요.

> **클릭! 어휘 설명**
>
> ● **경과(經過)** 시간이 지나감.
>
> ● **박테리아(Bacteria)** 생물체 가운데 가장 미세하면서 가장 하등에 속하는 단세포 생활체. 다른 생물체에 기생하여 병을 일으키기도 하고 발효나 부패 작용을 하기도 한다.
>
> ● **억제(抑制)** 정도나 한도를 넘어서 나아가려는 것을 억눌러 그치게 함.
>
> ● **의혹(疑惑)** 의심하여 수상히 여김. 또는 그런 마음.

관련 동영상

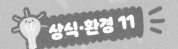

'멍 때리기'로 뇌를 쉬게 해요

잠깐
쉬었다 갑시다

2024년 5월 12일. '멍 때리기 대회'가 한강변에서 열렸는데요. 시간 낭비처럼 보이는 멍 때리기에 엄청난 효과가 숨어 있다는 사실 알고 있나요?

오늘의 키워드 #숏폼

더 보기

멍 때리기 대회는 예술가이자 작가인 '웁쓰양'이 2014년에 만든 대회예요. 웁쓰양은 현대인들이 바쁘게 흘러가는 시간 속에 잠시 멈추고 쉬는 것이 중요하다고 생각했어요. 더불어 멍 때리기를 시간 낭비로 여기는 사회의 **고정관념**을 깨고 싶었다고 해요.

멍 때리기 대회는 쉼과 멈춤이 중요하다는 **취지**에 공감하는 사람이 많아 2024년에 10주년을 맞이했어요. 우리나라뿐 아니라 일본, 대만, 중국, 네덜란드 등에서도 열릴 정도로 인기 있는 대회로 자리 잡았습니다.

현대사회를 '분초사회'라고 부를 정도로 사람들은 1분 1초를 바쁘게 지냅니다. 그런데 많은 사람이 휴식 시간이 생겨도 충분히 쉬고 있지 못하다고 해요. 자기 전까지 스마트폰으로 틱톡이나 숏츠 같은 숏폼 영상을 보거나 게임을 하기 때문이지요.

특히 숏폼 영상은 뇌를 쉬지 못하도록 계속해서 자극해요. 가만히 누워 있거나 앉아서 보기 때문에 쉬고 있다고 생각할지 모르지만 뇌는 끊임없이 자극을 받습니다.

우리 뇌는 '멍 때리기'를 하는 것처럼 충분히 쉬게 해 주는 것이 매우 중요해요. 뇌 과학자들은 뇌가 휴식하는 동안 창의력, 집중력, 기억력이 **향상**되는 것을 알아냈어요. 그러니 여러분도 쉬는 시간에 스마트폰으로 게임을 하거나 숏폼 영상을 보는 대신 가끔은 멍 때리기를 통해 뇌를 쉬게 해 주세요.

 **콘텐츠 정리하기**

1 뇌에 대한 설명으로 옳은 것은 O, 틀린 것은 X표를 하세요.

1) 의자나 침대에 누워서 숏폼 영상을 보면 뇌가 쉴 수 있다. ☐

2) 뇌를 충분히 쉬게 해 주면 창의력과 집중력이 향상된다. ☐

2 빈칸에 알맞은 어휘를 골라 써 보세요.

> 취지, 향상, 고정관념, 현대사회

1) 산업화 이후 ( )는 빠르게 변화했다.

2) 우리 사회는 가만히 있으면 시간을 낭비한다는 ( )이 있다.

3) 멍 때리기 대회 ( )는 휴식의 중요성을 알리는 데 있다.

4) 숏폼을 끊으니 집중력이 ( )되었다.

콘텐츠 확장하기

▶ 뇌 휴식 계획을 세우고 실천해 보세요.

뇌 휴식 시간: (오전 / 오후)				시 ~		시까지
월	화	수	목	금	토	일

▶ 관련 검색어로 배경지식을 확장해 보세요.

🔍 **숏폼(Short-form)** 🎤 📷

짧은 길이의 영상 콘텐츠예요. 2010년대 후반에 생겨나 2020년 이후 폭발적으로 유행하고 있어요. 영상 길이가 1분 내외로 짧은 탓에 구독자들의 시선을 끌기 위해 자극적인 영상이 늘고 있어서 문제예요. 또한 숏폼에 익숙해지다 보니 집중력이 줄어든다는 주장도 나오고 있어요.

클릭! 어휘 설명

● **고정관념(固定觀念)** 잘 변하지 않는 행동을 주로 결정하는 확고한 생각.

● **취지(趣旨)** 어떤 일의 근본이 되는 목적이나 긴요한 뜻.

● **향상(向上)** 실력, 수준, 기술 따위가 나아짐. 또는 나아지게 함.

● **현대사회(現代社會)** 오늘날의 사회.

관련 동영상

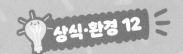

쓰레기 0이 되는 친환경 물건

지구에 무해한 물건들 대공개!

> 환경을 오염시키는 쓰레기를 줄이려면 어떻게 해야 할까요? 여기, 지구에 해가 하나도 없는 친환경 물건이 있다고 해요. 어떤 물건인지 알아볼까요?

오늘의 키워드 #제로 웨이스트

더 보기

  '제로 웨이스트(Zero waste)'에 대해 알고 있나요? 제로 웨이스트는 말 그대로 쓰레기(Waste)를 0(Zero)으로 만든다는 뜻이에요. 일회용품을 줄이고, 여러 번 쓸 수 있는 물건을 사용해 지구에 해를 끼치지 않는 운동을 말하기도 하지요. 제로 웨이스트를 실천할 수 있는 친환경 물건 몇 가지를 소개하겠습니다.

  첫 번째는 대나무 칫솔이에요. 우리가 쓰는 칫솔은 대부분 플라스틱으로 만들어요. 그런데 칫솔은 자주 바꿔야 하는 물건이라 버려지는 플라스틱 칫솔도 많아요. 플라스틱이 **분해**되는 데 500년이 넘는 긴 시간이 걸리는 반면, 대나무 칫솔은 칫솔 모와 손잡이 부분 모두 대나무로 만들어져 보다 빠른 시간 안에 100퍼센트 분해된다고 합니다.

  두 번째는 비누예요. 샤워할 때 쓰는 목욕 제품이나 설거지할 때 쓰는 **액체** 주방 세제는 거의 플라스틱 용기에 들어 있어요. 이런 용기에 사용되는 플라스틱은 재활용이 어려운 복합 플라스틱이라고 합니다. 하지만 비누나 비누로 된 세제는 **고체**로 이루어져 있어서 담을 통이 따로 필요하지 않아요. 다 쓰고 나면 버릴 쓰레기가 없으므로 환경을 오염시키지 않고 건강한 지구를 만드는 데 도움이 되지요.

  쓰레기를 0으로 만드는 것이 어렵지만 어제보다 오늘 더 줄이겠다는 목표를 가지고 다 함께 제로 웨이스트를 실천해 보면 어떨까요?

콘텐츠 정리하기

① 제로 웨이스트에 대한 설명으로 옳은 것은 O, 틀린 것은 X표를 하세요.

1) 대나무 칫솔은 50퍼센트 정도만 분해된다.

2) 비누는 제로 웨이스트를 실천하는 데 도움이 된다.

② 빈칸에 알맞은 어휘를 골라 써 보세요.

> 고체, 액체, 분해

1) 땅에 묻힌 동식물은 습도에 따라 (   ) 속도가 달라진다.

2) 액체인 물이 얼면 (   )가 된다.

3) 슬라임이 고체인지 (   )인지 헷갈렸다.

콘텐츠 확장하기

▶ 제로 웨이스트에 도움이 되는 친환경 물건을 찾아 써 보세요.

_____

_____

▶ 관련 검색어로 배경지식을 확장해 보세요.

🔍 제로 웨이스트(Zero waste)　　　　　🎤 📷

제로 웨이스트를 위한 행동으로는 음식은 먹을 만큼만 먹고 남기지 않기, 개인 컵 사용하기, 과대 포장 제품 사지 않기, 음식 포장할 때 집에서 용기 가져 가기 등이 있어요. 모두 일회용품과 쓰레기를 줄이는 데 힘쓰는 행동이랍니다. 한편 2022년 제77차 유엔총회에서는 3월 30일을 '세계 제로 웨이스트의 날'로 지정했어요.

관련 동영상

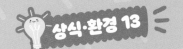
펫티켓을 지켜 주세요!

내 새끼는
내가 지킨다!

반려동물과 외출할 때 지켜야 할 예절을 펫티켓이라고 해요. 동물을 뜻하는 펫과 매너, 예절이라는 뜻의 에티켓을 더한 말이에요. 펫티켓, 어떤 게 있을까요?

오늘의 키워드 #펫티켓 #맹견

더 보기

펫티켓(Pettiquette)은 반려동물을 키우는 사람이나 동물을 기르지 않는 사람 모두 함께 지켜야 할 예의예요. 반려동물이 사회에 잘 어울리고 반려동물을 키우는 사람과 그렇지 않은 사람 모두 만족하기 위해 만들어졌어요. 반려동물과 다니는 주인이 지켜야 할 펫티켓은 무엇일까요?

첫째, 반려농물에게 가슴 줄이나 목줄을 꼭 **착용**시켜야 합니다. 맹견은 입마개도 착용시켜야 해요. 아무리 작은 맹견이라 하더라도 다른 사람에게는 불쾌함이나 두려움을 줄 수 있어요. 몸의 크기와 상관없이 목줄, 입마개 등을 사용해 반려동물이 사람을 **위협**하지 않도록 해야 합니다. 둘째, 반려동물의 배설물을 치워야 합니다. 배설물은 보기에도 좋지 않고 계속 **방치**하면 악취나 **위생** 문제를 발생시킬 수 있어요. 셋째, 반려동물을 잃어버렸을 때를 대비해 주인의 이름과 정보가 적힌 인식표를 꼭 착용시켜요.

반대로 길을 가다가 다른 사람의 반려동물과 마주치면 어떻게 해야 할까요?

첫째, 다른 사람의 반려동물이 예쁘다고 함부로 만지거나 음식을 주는 행동은 실례예요. 둘째, 반려동물에게 갑자기 다가가거나 소리 지르지 말아야 합니다. 이러한 행동이 동물에게는 공격 신호로 느껴지기 때문에 얌전했던 동물도 공격성을 드러낼 수 있습니다. 반려동물도 누군가에게 소중한 가족인 만큼 서로 존중하는 태도가 필요해요.

콘텐츠 정리하기

1 펫티켓이 무엇인지 왼쪽 글에서 찾아 써 보세요.

_____

2 펫티켓에 어떤 것이 있는지 정리해 보세요.

반려동물 주인이 지켜야 할 펫티켓	• • •
반려동물을 마주쳤을 때 펫티켓	• • •

콘텐츠 확장하기

▶ 펫티켓을 홍보하는 문구를 써 보세요.

_____

▶ 관련 검색어로 배경지식을 확장해 보세요.

🔍 **펫티켓**(Pettiquette)　🎤 📷

반려동물(Pet)과 예의·예절(Etiquette)을 합친 말이에요. 특히 승강기 내에 반려견 물림 사고가 잇따르면서 승강기에서 지켜야 할 펫티켓도 생겼어요. 반려견을 데리고 승강기를 탈 경우 소형견은 안고 타야 하며, 대형견은 목줄을 짧게 잡고 자세를 낮춰 반려견을 안아요.

🔍 **맹견**(猛犬)　🎤 📷

몹시 사나운 개를 맹견이라고 해요. 맹견은 생후 3개월이 지나면 동물등록을 하고, 가급적 어린이집이나 초등학교, 노인복지 시설 등에는 출입을 삼가야 해요. 또한 맹견을 키우는 사람은 정기적으로 교육을 받아야 하며 이를 위반하면 최대 300만원 이하의 과태료가 부과된답니다.

관련 동영상

123

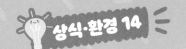
중고 거래할까요?

당근, 당근!

♦ 사용하던 물건을 사고파는 중고 거래를 해 본 적이 있나요? 국내 중고 거래 어플리케이션 가운데 유명한 기업의 이름을 따서 '당근하다'라는 말이 생길 정도예요.

오늘의 키워드 #중고 거래 사기 #벼룩시장

더 보기

'당근'은 더 이상 사용하지 않는 중고 **물품**을 판매하는 앱(어플리케이션)입니다. 이 외에도 '중고나라'나 '번개장터' 등 중고 물품을 **거래**할 수 있는 앱이 있어요. 중고 거래 앱에 물건의 상태를 설명한 글과 사진, 받고 싶은 가격을 올리면, 사고 싶은 사람이 판매자에게 연락해서 중고 물품을 살 수 있지요. 간편한 사용 방법 딕에 남녀노소 **불문**하고 많은 사람이 중고 거래를 하고 있어요. 중고 거래는 어떤 장점이 있을까요?

첫째, 중고 거래는 사는 사람과 파는 사람 모두 이익을 얻을 수 있어요. 사는 사람은 물건을 싸게 사서 좋고, 파는 사람은 필요 없어진 물건을 팔아 돈을 벌 수 있지요.

둘째, 중고 거래는 환경을 보호하는 데 도움이 돼요. 버려질 뻔한 물건을 다시 사용함으로써 자원 낭비를 줄이고 버려지는 폐기물을 줄여 환경을 보호할 수 있지요.

하지만 온라인 중고 거래는 단점도 있어요. 회사가 아닌 개인이 판매하기 때문에 제품 상태가 불확실하며 수리가 되지 않아요. 또한 중고 거래 사기를 당하는 경우도 자주 있어요. 돈을 보냈는데 물건을 주지 않거나 사진과 다른 물건을 보내는 수법을 쓰지요.

그러니 여러분 가운데 쓰지 않는 물건을 내다 팔고 싶다면, 학교나 마을에서 열리는 벼룩시장을 이용하는 것이 좋아요. 만약 중고 거래 앱을 이용하고 싶다면 꼭 부모님의 도움을 받아야 합니다.

콘텐츠 정리하기

1 중고 거래의 장점과 단점을 왼쪽 글에서 찾아 써 보세요.

클릭!
어휘 설명

● **거래(去來)** 주고받음.
또는 사고팖.

● **물품(物品)** 일정하게
쓸 만한 값어치가 있
는 물건.

● **불문(不問)** 가리지 않
음.

● **이익(利益)** 물질적으
로나 정신적으로 보
탬이 되는 것.

장점	①
	②
단점	①
	②

2 빈칸에 알맞은 어휘를 골라 써 보세요.

거래, 물품, 불문, 이익

1) 벼룩시장에서 쓰지 않는 장난감을 팔아 (   )을 얻었다.

2) 교실에서 모두가 쓰는 (   )을 소중하게 다뤄야 한다.

3) 원가가 더 저렴한 도매 상점과 (   )하게 되었다.

4) 동생은 장소를 (   )하고 아무 데서나 잘 잔다.

콘텐츠 확장하기

▶ 관련 검색어로 배경지식을 확장해 보세요.

🔍 **중고 거래 사기**   🎤 📷

온라인에서 이루어지는 중고 거래
사기 피해를 막으려면 판매 제품에
대한 정보가 꼼꼼하게 작성되어 있
는지 살펴요. '더치트' 앱에 판매자
계좌번호를 검색해 범죄 이력이 없
는지 검색할 수도 있어요. 이미 사기
피해를 입었다면 사이버범죄 신고
시스템이나 경찰에 신고해요.

🔍 **벼룩시장(벼룩市場)**   🎤 📷

중고 물건을 사고파는 시장이에요. 벼룩
이 있을 정도로 오래된 물건을 판다고
해서 벼룩시장이라고 하지요. 외국에서
는 '벼룩(Flea)'과 '시장(Market)'을 더해
플리마켓(Fleamarket)이라고 해요. 우
리나라는 동묘에 있는 벼룩시장이 유명
해요. 보통은 지역 곳곳에서 일정 기간
임시로 열려요.

관련 동영상

125

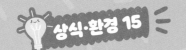
마라탕후루를 조심하세요!

탕탕, 후루루루루~!

엄청 맵게 만든 마라탕과 엄청난 단맛 탕후루를 연이어 먹는 것이 유행이었죠? 그런데 이 마라탕과 탕후루가 건강에는 좋지 않다고 해요.

오늘의 키워드 #식품 구성 자전거

더 보기

마라탕과 탕후루는 중국에서 온 음식이에요. 마라탕은 '마라'라고 하는 얼얼하고 매운 맛을 내는 향신료로 육수를 낸 다음 각종 채소나 고기를 넣고 끓여 먹는 음식이랍니다. 탕후루는 작은 과일을 꼬치에 꿴 후에 설탕이나 물엿을 입혀 만들어 낸 음식이에요. 최근 몇 년 사이 마라탕과 탕후루는 우리나리에시 큰 인기를 끌며 유행했어요. 특히 마라탕을 먹고 탕후루를 후식으로 연이어 먹는다는 뜻의 '마라탕후루'라는 신조어가 생기기도 했지요.

그런데 이 마라탕과 탕후루가 건강에 좋지 않다는 사실 알고 있나요? 많은 사람이 더 매운 마라탕에 도전하며 인증할 정도로 마라탕을 맵게 먹고 있어요. 마라탕의 얼얼하고 매운 **향신료**가 복통이나 위염을 유발할 수 있다고 해요. 또한 마라탕의 본 고장인 중국에서는 국물을 마시지 않는데 비해 우리나라는 대부분 국물까지 먹고 있어서 매운 향신료와 **나트륨**을 더 많이 먹게 되니 조심해야 해요.

탕후루 또한 건강에 좋지 않아요. 설탕이 많이 들어가 탕후루 두 개만 먹어도 하루에 먹어야 할 당 권장 섭취량을 전부 채운다고 해요. 그리고 이렇게 **과다 섭취**된 당은 **혈당**을 높여 당뇨병의 원인이 되기도 해요.

그러니 두 음식 모두 너무 자주 먹지 않도록 하고 마라탕은 덜 맵게 먹거나 국물을 남겨 나트륨 섭취를 줄여야 합니다. 마지막으로 식품 구성 자전거를 바탕으로 균형 잡힌 식사를 하는 것이 건강에 좋아요.

콘텐츠 정리하기

1 마라탕후루는 어떤 뜻을 나타내는지 본문에서 찾아 써 보세요.

_____

2 빈칸에 알맞은 어휘를 골라 써 보세요.

> 섭취, 혈당, 향신료

1) 살을 빼려면 당과 탄수화물 (　　　　　　　)를 줄여야 한다.

2) 단 음식을 많이 먹으면 (　　　　　　)이 높아진다.

3) 참깨, 마늘, 후추는 음식 맛을 돋우는 (　　　　　　)이다.

콘텐츠 확장하기

▶ 내가 가진 안 좋은 식습관과 노력해야 할 점을 써 보세요.

안 좋은 식습관	
고치기 위해 노력할 점	

▶ 관련 검색어로 배경지식을 확장해 보세요.

🔍 식품 구성 자전거 　　　　　🎤 📷

식품 구성 자전거는 주로 먹는 식품의 종류와 영양소 및 기능을 여섯 가지 식품군으로 구분해 자전거 모양으로 이미지화한 표예요. 앞바퀴는 수분 섭취의 중요성을 알리기 위해 물이 있어요. 뒷바퀴에는 곡류, 고기·생선·콩류, 채소류, 과일류, 유제품류, 당류가 하루 권장 비율에 맞게 나뉘어 있답니다.

관련 동영상

> ⟫클릭!⟪
> 어휘 설명

- **과다(過多)** 너무 많음.

- **나트륨(Natrium)** 열을 가해 녹인 수산화나트륨을 전기 분해해 얻는 알칼리 금속 원소. 바닷물·광물·암염 따위에 많이 들어 있으며, 동물의 몸 안에서 생리 작용에 중요한 구실을 함.

- **섭취(攝取)** 생물체가 양분 따위를 몸속에 빨아들이는 일.

- **향신료(香辛料)** 음식에 맵거나 향기로운 맛을 더하는 조미료. 고추, 후추, 파 따위가 있다.

- **혈당(血糖)** 혈액 속에 포함되어 있는 당. 뇌와 적혈구의 에너지원이 된다.

전기세 아끼는 절약 꿀팁

아껴야 잘 살지!

여름만 되면 부모님에게 더위만큼 무서운 게 또 하나 있어요. 바로 전기세예요! 우리 집 전기세 폭탄 피하는 꿀팁! 함께 알아볼까요?

오늘의 키워드 #발전

더 보기

전기는 화력, 원자력, 수력 발전 등을 통해 인간이 인위적으로 만들어 내는 에너지입니다. 전기에너지를 만들기 위해서는 물이나 화석연료 등 여러 가지 자원이 사용돼요. 그러니 전기에너지를 아껴 쓴다면 자원도 전기세도 함께 절약할 수 있답니다. 전기에너지 절약 방법을 알아볼까요?

첫째, 사용하지 않는 가전제품 플러그를 뽑아요. 가전제품의 전원이 꺼져 있더라도 콘센트에 코드 플러그가 꽂혀 있다면 대기 전력이 발생해요. 대기 전력도 전기 소비를 일으키기 때문에 뽑아 두어야 해요.

둘째, 에너지 **효율 등급**이 높은 제품을 사용해요. 가전제품 뒷면이나 옆면을 보면 에너지 효율 등급이 표시된 스티커가 있어요. 에너지 효율 등급은 에너지를 얼마나 효과적으로 쓰는지를 등급화한 것이에요. 1등급에 가까울수록 에너지 효율이 좋은 제품이에요.

셋째, 냉장고는 너무 자주 여닫지 않도록 해요. 냉장고를 열 때마다 온도를 차갑게 유지하기 위해 더 많은 전력이 소비되거든요. 또 내부를 너무 꽉 채우면 냉기가 **순환**되지 않기 때문에 60~70퍼센트만 채우는 것이 좋아요.

넷째, 에어컨이나 난방기의 사용을 줄입니다. 에어컨이나 난방기는 **적정** 온도를 유지하고 냉난방을 대체하거나 보완할 수 있는 물건을 사용해요. 여름에는 되도록 선풍기를 쓰고, 겨울에는 내복을 입거나 난방 텐트 등을 활용합니다.

콘텐츠 정리하기

1 콘텐츠 내용을 요약한 문장에 O표를 하세요.

- 전기에너지 만드는 방법을 설명한 글 ☐

- 전기에너지 아끼는 방법을 설명한 글 ☐

2 전기 절약에 대한 설명으로 옳은 것은 O, 틀린 것은 X표를 하세요.

1) 전원이 꺼져 있으면 플러그가 꽂혀 있어도 대기 전력이 발생하지 않는다. ☐

2) 냉장고 문은 자주 여닫지 않도록 해야 한다. ☐

3) 냉난방기는 적정 온도를 유지해야 한다. ☐

클릭! 어휘 설명

- **등급(等級)** 높고 낮음이나 좋고 나쁨 따위의 차이를 여러 층으로 구분한 단계.

- **순환(循環)** 주기적으로 자꾸 되풀이하여 돎. 또는 그런 과정.

- **적정(適正)** 알맞고 바른 정도.

- **효율(效率)** 기계의 일한 양과 공급되는 에너지와의 비율.

콘텐츠 확장하기

▶ 우리 집 전기에너지 활용 상태를 점검해 보고 고쳐야 할 점을 가족과 상의해 보세요.

	전기에너지 활용 상태	좋음	보통	부족
1	사용하지 않는 가전제품의 플러그가 뽑혀 있나요?			
2	에너지 효율 등급이 높은 제품을 사용하고 있나요?			
3	냉장고를 자주 여닫지 않고 내부 공간을 정리해 놓았나요?			
4	에어컨이나 난방기의 사용이 적절한가요?			

▶ 관련 검색어로 배경지식을 확장해 보세요.

🔍 발전(發電)   🎤 📷

에너지를 전기로 만들기 위해서는 위치에너지나 열에너지를 이용해 발전기를 돌려야 해요. 수력발전은 물이 떨어질 때 생기는 힘을 이용해 발전기를 돌려요. 화력발전은 석탄이나 가스를 태워 전기를 만들고 원자력발전은 원자핵 반응 때 발생하는 열에너지로 전기를 만든답니다.

관련 동영상

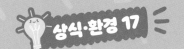

그린워싱은 이제 그만!

우리 진짜 친환경을 해요~!

ECO

환경을 보호하기 위한 에코백과 텀블러! 그런데 에코백과 텀블러를 지나치게 많이 사면 환경보호에 오히려 안 좋은 영향을 끼칠 수 있다는 사실 알고 있나요?

오늘의 키워드 #그린 마케팅

더 보기

에코백은 일회용품을 줄이는 데 효과가 있다고 여겨져 많은 사람들이 **애용**하고 있어요. 그런데 에코백을 비닐봉지 대신 130번 넘게 사용해야 환경에 이롭다고 해요. 에코백을 만들 때 전기에너지나 물 등 여러 가지 자원이 이용되기 때문에 에코백을 사는 것만으로는 환경보호 효과가 적어요. 그러니 에고백을 여러 개 사거나 자주 사면 오히려 환경을 오염시키는 결과를 낳을 수 있어요. 텀블러도 마찬가지예요. 텀블러는 무려 220번을 넘게 사용해야 환경에 도움이 된다고 합니다. 아무리 환경을 보호하는 텀블러라고 해도 계속해서 구입하거나 생산한다면 **도리어** 탄소 배출을 일으키고 플라스틱 생산도 늘어나는 꼴이 되지요.

이처럼 기업이나 **단체**에서 실제로 환경보호 효과가 없거나 친환경 제품이라는 이름으로 물건을 과잉생산하는 것을 '그린워싱'이라고 해요. 환경을 **상징**하는 대표 색인 '그린(Green)'과 불쾌한 사실을 눈가림하려고 한다는 뜻을 지닌 '화이트워시(Whitewash)'를 더한 단어예요. 기업은 환경에 도움을 주는 착한 제품이 소비자에게 사랑받는 점을 이용해 환경에 **악영향**을 줄 수 있다는 점을 알면서도 그린 마케팅을 하는 것이지요. 그렇다면 우리는 그린워싱에 어떻게 대응해야 할까요?

아무리 친환경 물건이라도 자주 사거나 많이 사는 것을 멈춰야 해요. 또 환경을 오염시킬 수 있는 그린워싱 제품을 구매하지 말아야 합니다.

 **콘텐츠 정리하기**

① 그린워싱에 대한 설명으로 옳은 것은 O, 틀린 것은 X표를 하세요.

1) 에코백과 텀블러는 많이 살수록 좋다. ☐

2) 기업은 항상 환경에 도움되는 물건을 만들어 낸다. ☐

② 빈칸에 알맞은 어휘를 골라 써 보세요.

> 도리어, 애용, 상징, 악영향

1) 흔히 비둘기를 평화의 ( )이라고 말한다.

2) 잘못한 사람이 ( ) 화를 내고 있다.

3) 엄마는 마트보다 시장을 ( )하신다.

4) 수면 부족이 키 성장에 ( )을 끼쳤다.

클릭! 어휘 설명

● **단체(團體)** 같은 목적을 이루기 위해 모인 사람들의 일정한 조직체.

● **도리어** 예상이나 기대 또는 일반적인 생각과는 반대되거나 다르게.

● **상징(象徵)** 추상적인 개념이나 사물을 구체적인 사물로 나타냄.

● **악영향(惡影響)** 나쁜 영향.

● **애용(愛用)** 좋아하여 애착을 가지고 자주 사용함.

콘텐츠 확장하기

▶ 집에 있는 친환경 물건을 조사해 보고 고쳐야 할 점도 써 보세요.

에코백 개수	텀블러 개수	고쳐야 할 점

▶ 관련 검색어로 배경지식을 확장해 보세요.

🔍 그린 마케팅(Green marketing)

기업에서 상품을 팔 때 환경보호를 중요하게 생각하며 접근하는 마케팅 방법이에요. 소비자가 환경에 관심이 많아짐에 따라 기업에서도 적극적으로 그린 마케팅을 펼치고 있어요. 기업의 사회적 기여와 이익을 높이는 효과가 있답니다.

관련 동영상

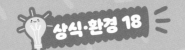

까만 불청객, 러브 버그

한반도에 못 보던 곤충이 나타났다!

암수가 한 몸처럼 붙은 채 날아다녀서 붙은 별명 러브 버그! 러브버그가 산이며 도심 곳곳에서 기승을 부려 시민과 국가가 대응책 마련에 나섰어요.

오늘의 키워드 #붉은등우단털파리

더 보기

2024년 여름, 도심 곳곳에 나타난 러그버그 때문에 난리가 났어요. 이전에는 우리나라에서 볼 수 없었던 러브버그가 나타난 까닭은 지구온난화 때문입니다. 러브버그는 주로 대만 같은 아열대 지방에서 살았는데, 우리나라 기온이 러브버그의 **서식지**가 될 만큼 높아진 셈이지요.

사실 러브버그의 원래 이름은 '붉은등우단털파리'예요. 가슴은 붉고 배와 날개는 까맣고 길쭉해요. 붉은등우단털파리는 알을 낳기 위해 3~4일간 짝짓기를 하는데, 그동안 암수가 몸통 끝을 붙인 채 함께 날아다녀요. 붉은등우단털파리 수천 쌍이 동시에 날아다니는 모습 때문에 사람들이 **혐오감**을 느꼈으며 산은 물론 도심 곳곳에 나타나 무척 불편했어요.

하지만 붉은등우단털파리는 의외로 지구에 도움을 주는 **익충**이에요. 붉은등우단털파리 애벌레는 낙엽을 분해해 토양을 **비옥**하게 만들어 줍니다. 또한 꿀벌이나 나비처럼 꽃의 수분을 도와요. 그러니 생김새만 가지고 해충이라고 오해해서는 안 되겠지요? 그렇다면 자꾸 나타나는 붉은등우단털파리를 어떻게 피할 수 있을까요?

전문가들은 붉은등우단털파리 **습성**을 이용하여 쫓는 것이 좋다고 해요. 붉은등우단털파리는 밝은 색을 좋아하기 때문에 어두운 색 옷을 입거나 물을 뿌리면 붉은등우단털파리를 쫓을 수 있다고 합니다. 그보다 지구온난화를 막는 것이 근본적인 해결책이 되겠지요?

콘텐츠 정리하기

1 붉은등우단털파리에 대한 설명으로 옳은 것은 O, 틀린 것은 X표를 하세요.

1) 붉은등우단털파리의 원래 이름은 러브버그이다. ☐

2) 붉은등우단털파리 애벌레는 토양을 비옥하게 만든다. ☐

2 빈칸에 알맞은 어휘를 골라 써 보세요.

> 습성, 익충, 혐오감, 서식지

1) 기후변화로 동물들의 ( )가 바뀌고 있다.

2) 고양이는 배설물을 모래로 덮는 ( )이 있다.

3) ( )과 해충은 인간의 기준으로 나눈 것이다.

4) 다리가 많은 지네를 보고 ( )을 느꼈다.

클릭! 어휘 설명

● **비옥하다(肥沃하다)** 땅이 걸고 기름지다.

● **서식지(棲息地)** 생물 따위가 일정한 곳에 자리를 잡고 사는 곳.

● **습성(習性)** 습관이 되어 버린 성질.

● **익충(益蟲)** 사람에게 이익을 주는 곤충.

● **혐오감(嫌惡感)** 병적으로 싫어하고 미워하는 감정.

콘텐츠 확장하기

▶ 러브버그를 소개하는 한 줄 댓글을 써 보세요.

_____

▶ 관련 검색어로 배경지식을 확장해 보세요.

🔍 붉은등우단털파리 　　　　　　　🎤 📷

2018년 붉은등우단털파리가 종종 보이더니 2022년 산은 물론 도심까지 나타나면서 사람들이 붉은등우단털파리 일명, 러브버그의 존재를 알게 되었어요. 이후 해마다 엄청난 수가 나타났지요. 지구온난화로 인해 붉은등우단털파리처럼 본래 서식지가 아닌 동식물의 이동 현상이 눈에 띄게 바뀌며 생태계가 변화하고 있답니다.

관련 동영상

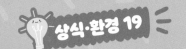

방귀에 세금을 붙이는 나라

방귀 뀌니까
돈을 내라고?

'방귀세'라는 말을 들어본 적이 있나요? '뿡~' 하고 뀌는 방귀에 세금을 붙이다니 마치 장난처럼 느껴지는데요. 도대체 무슨 일일까요?

오늘의 키워드   #축산업

더 보기　　　'방귀세'는 사람이 아닌 가축이 뀌는 방귀에 붙는 세금이에요. 실제로 에스토니아라는 나라는 축산업을 하는 사람이 방귀세를 내고 있어요. 그런데 덴마크도 2030년부터 방귀세를 **도입**한다고 해요. 덴마크 정부는 가축을 기르는 농민에게 가축 한 마리당 100유로의 세금을 **부과**할 계획이라고 발표했어요. 가축이 뀌는 방귀에 왜 세금을 부과하는 걸까요?

덴마크는 국토 60퍼센트가 **농지**이고 축산업이 발달해 있어서 덴마크 인구보다 돼지가 많을 정도로 돼지를 많이 기르는 나라예요. 그런데 돼지가 뀌는 방귀나 배설물 속에 메탄이라는 **성분**이 있습니다. 메탄은 이산화탄소와 더불어 지구를 덥게 만드는 온실가스의 원인이에요. 메탄이 이산화탄소보다 80배나 강력하게 지구온난화를 일으키지요. 그래서 돼지를 기르는 농민에게 메탄 배출에 대한 책임을 묻기 위해 세금을 부과하게 된 것이랍니다. 세금이 부담스러운 농민이 메탄 배출을 줄이기 위해 노력하거나 메탄 배출양이 적은 가축을 기를 것이라고 생각한 것이지요. 2022년에 뉴질랜드에서도 '농업 환경세'라는 이름으로 방귀세를 시행할 뻔한 적이 있어요. 하지만 이때에도 농민들의 거센 반발로 시행하지 못했어요.

전문가들은 방귀세를 잘 도입하려면 정부가 농민과 충분히 소통하고 협력하는 가운데 단계적으로 도입하는 것이 좋다고 해요. 더불어 정부가 메탄 배출을 줄일 수 있는 기술과 사육 방식을 개발하고 **보급**해야 한다고 말했습니다.

콘텐츠 정리하기

① 방귀세가 무엇인지 왼쪽 글에서 찾아 써 보세요.

_____

_____

② 빈칸에 알맞은 어휘를 골라 써 보세요.

> 농지, 부과, 보급, 성분

1) 정부는 메탄 억제 기술을 개발해 농가에 (　　　　　)해야 한다.

2) 고기의 (　　　　　)을 분석해 보니 촉진제가 검출되었다.

3) 수입을 할 때는 관세와 부가세가 (　　　　　)된다.

4) 시골에 계신 할머니가 천 평이 넘는 (　　　　　)를 경작하신다.

클릭!
어휘 설명

● **농지(農地)** 농사짓는 데 쓰는 땅.

● **도입(導入)** 기술, 방법, 물자 따위를 끌어들임.

● **부과(賦課)** 세금이나 부담금 따위를 매기어 부담하게 함.

● **보급(普及)** 널리 펴서 많은 사람들에게 골고루 미치게 하여 누리게 함.

● **성분(成分)** 유기적인 통일체를 이루고 있는 것의 한 부분.

콘텐츠 확장하기

▶ 사람들이 매기는 방귀세에 가축들은 어떤 생각을 할지 써 보세요.

_____

▶ 관련 검색어로 배경지식을 확장해 보세요.

> 🔍 축산업(畜産業)　　　　　　　　　　🎤 📷

가축을 사육해 고기나 유제품 등을 얻기 위한 목적으로 행하는 산업이에요. 인류가 농사를 짓기 시작하며 노동력과 고기를 얻기 위해 가축을 키우기 시작한 데서 유래하지요. 축산업 중에서도 닭이나 오리 등을 키우는 것은 가금업, 유제품을 얻기 위한 것은 낙농업이라고 해요. 축산업은 돼지나 소를 키우는 산업을 말한답니다.

관련 동영상

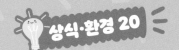

지구와 함께 건강해지는 방법

쓰레기를 주워 담으면서 걷거나 뛰는 운동에 대해 들어본 적이 있나요? 요즘 줍깅이 유행하고 있어요. 지구와 내가 모두 건강해지는 특별한 운동인 '줍깅'에 대해 알아봐요.

오늘의 키워드 #챌린지

더 보기

'줍깅'이란 조깅을 하면서 쓰레기를 줍는 운동이에요. '줍깅'은 2016년 스웨덴에서 시작되어 북유럽으로 널리 퍼진 운동인 '플로깅'이 **원조**랍니다. 플로깅이라는 말은 이삭줍기를 뜻하는 스웨덴어 '플로카 업(Plocka upp)'과 영어 '조깅(Jogging)'을 합친 말이에요. 이삭줍기할 때처럼 쓰레기를 주우며 달리는 모습을 본떠 만든 말이에요. 플로깅 문화가 우리나라에 들어오면서 '쓰레기 줍기'와 '조깅'을 합쳐 '줍깅'이라는 말로 바뀌었답니다. 쓰레기를 담으며 달린다는 뜻의 '쓰담 달리기'라는 **순화어**도 생겼어요.

줍깅은 쓰레기를 주워 담기 위해 몸을 아래로 굽혀야 해요. 그래서 그냥 달리거나 걷는 것보다 하체를 단련하는 효과가 크고 칼로리 **소모**도 많아요. 또, 쓰레기를 줍는 행동으로 환경을 깨끗하게 할 수 있다는 점에서 아주 특별한 운동이랍니다.

줍깅 방법은 아주 간단해요. 우선 운동하기에 알맞은 옷을 입고 쓰레기를 주워 담을 봉투와 장갑, 집게 등을 준비해요. 그 후 알맞은 경로를 선택해 운동하며 눈에 보이는 쓰레기를 주워 담으면 된답니다.

요즘 많은 사람이 줍깅 챌린지를 하며 사진을 인증하고 있어요. 여러분도 여유로운 시간에 가족, 친구들과 건강도 지키고 환경도 지키는 **일석이조** 운동인 줍깅을 해 보는 것은 어떨까요?

콘텐츠 정리하기

클릭! 어휘 설명

1 줍깅에 대한 설명으로 옳은 것은 O, 틀린 것은 X표를 하세요.

1) 줍깅은 쓰레기 줍기 운동으로 한국이 처음 시작했다. ☐

2) 줍깅을 순화어로 하면 '쓰담 달리기'라고 한다. ☐

2 빈칸에 알맞은 어휘를 골라 써 보세요.

순화어, 원조, 소모

1) 수영은 칼로리 ( )가 많은 운동이다.

2) 무분별하게 남발하는 외래어를 ( )로 바꾸어야 한다.

3) 이웃집 할머니가 소문난 국숫집 ( )로 유명해졌다.

콘텐츠 확장하기

● 줍깅 계획을 세워 보고 실천해 보세요.

줍깅 계획표	
날짜	
코스	

● 관련 검색어로 배경지식을 확장해 보세요.

Q **챌린지**(Challenge) 🎤 📷

챌린지는 도전이라는 뜻이에요. 요즘은 SNS에서 챌린지라는 말을 많이 써요. 춤이나 노래, 행동 등을 영상으로 촬영한 다음 SNS에 올리는 행위를 의미하지요. 아이스버킷 챌린지는 얼음물을 뒤집어 쓰는 영상을 올린 다음 이어서 행동할 사람을 지목하는 챌린지로 루게릭 환자들의 고통을 간접 체험하자는 의미를 가지고 있어요. 이처럼 공익적인 목적으로 실행하는 챌린지가 있는가 하면, 재미를 위해 유행하는 춤을 추고 영상을 올리는 챌린지도 있답니다.

● 순화어(醇化語) 불순한 요소를 없애고 깨끗하고 바르게 다듬은 말.

● 소모(消耗) 써서 없앰.

● 원조(元祖) 어떤 일을 처음으로 시작한 사람.

● 일석이조(一石二鳥) 돌 한 개를 던져 새 두 마리를 잡는다는 뜻으로, 동시에 두 가지 이익을 얻는다는 말.

관련 동영상

4장

인기 급상승 콘텐츠
문화·예술

케이팝과 인플루언서, 팝아트 같은 문화 이슈부터
모나리자의 미스터리, 베토벤의 작곡 방법,
앙리 마티스의 작품 기법 같은 예술 주제까지
문화·예술 콘텐츠로 배경지식을 넓혀 보세요.

그림 속 해바라기가 시든다고?

해바라기의 비밀!

> 그림 속에 해바라기가 시들고 있다는 얘기 들어본 적 있나요? 어떻게 살아 있지도 않은 꽃이 시들 수 있을까요? 그림의 비밀을 함께 알아보아요!

오늘의 키워드 #빈센트 반 고흐 #LED

더 보기

꽃이 시들어 가고 있는 그림 작품은 바로 빈센트 반 고흐의 「해바라기」예요. 빈센트 반 고흐는 19세기 말에 활동한 네덜란드 출신 화가입니다. 고흐의 그림에는 유독 노란색이 많아요. 「별이 빛나는 밤」이나 「아를르의 침실」 등의 작품에도 노란색을 많이 사용했어요. 고흐가 남긴 많은 그림을 보면 노란색을 얼마나 **열렬**히 좋아했는지 느낄 수 있어요.

그런데 고흐의 작품 속 해바라기가 시드는 것과 노란색이 무슨 상관이냐고요? 당시 고흐가 사용한 노란색은 '크롬 옐로'라는 물감이었어요. 크롬 옐로의 재료인 '크로뮴'이라는 광물은 물감 재료로 쓰인지 얼마 되지 않았던 때였습니다. 하지만 크롬 옐로는 아주 **매혹**적인 노란색을 뽐내 인기가 많았고 고흐 역시 이 노란색으로 그림을 그렸어요.

하지만 크롬 옐로에는 큰 문제가 있었어요. 빛에 노출되는 시간이 길수록 색이 바래는 **변색** 현상이 일어났습니다. 쨍했던 노란색은 시간이 지나면서 어두워지고 점차 갈색으로 변해 갔습니다. 그림 속 해바라기가 시들었다는 의미는 변색이 일어나 샛노랬던 꽃이 갈색으로 변해 마치 실제로 시든 것처럼 보인다는 뜻이었지요.

현대 보존과학자들은 전시장의 LED 조명이 그림을 빠르게 변색시킨다는 사실을 알아냈어요. 작품을 **보존**하기 위한 과학자의 연구와 노력이 이어지고 있으니 고흐의 해바라기가 더 이상 시들지 않겠지요?

콘텐츠 정리하기

⟩⟩클릭!⟨⟨
어휘 설명

1 「해바라기」에 대한 설명으로 옳은 것은 O, 틀린 것은 X표를 하세요.

1) 고흐의 작품에는 유독 노란색이 많이 사용되었다.

2) 고흐의 「해바라기」를 보존하기 위해 보존과학자들이
노력하고 있다.

2 빈칸에 알맞은 어휘를 골라 써 보세요.

보존, 변색, 매혹, 열렬

1) 언니는 아이돌의 매우 (   )한 팬이다.

2) 천재 화가들의 작품을 (   )해 후대에 전해야 한다.

3) 그 소설가의 작품은 (   )적인 문장으로 독자를 사로잡았다.

4) 흰색 옷이 누렇게 (   )되었다.

- **매혹(魅惑)** 남의 마음을 사로잡아 호림.

- **보존(保存)** 잘 보호하고 간수하여 남김.

- **변색(變色)** 빛깔이 변하여 달라짐.

- **열렬하다(熱烈하다)** 어떤 것에 대한 애정이나 태도가 매우 강하다.

- **크로뮴(Chromium)** 은백색 광택이 나는 금속 원소. 공기 가운데에서 녹이 슬지 않고 약품에 잘 견디며 도금이나 합금 재료로 쓰인다.

 콘텐츠 확장하기

▶ 100년 뒤 태어날 후손에게 소개하고 싶은 그림 작품을 써 보세요.

▶ 관련 검색어로 배경지식을 확장해 보세요.

🔍 빈센트 반 고흐(Vincent van Gogh) 🎤 📷

네덜란드 출신 화가예요. 파리에서 주로 활동했으며 주요 작품은 「해바라기」, 「아를르의 침실」, 「의사 가셰의 초상」등이 있답니다.

🔍 LED(Light Emitting Diode) 🎤 📷

전류가 흐르면서 빛을 내는 조명의 하나로 '발광 다이오드'라고 해요. 기존 전구는 열을 발생시켜 빛을 내지만 LED는 반도체를 통해 빛을 내요.

관련 동영상

또 하나의 올림픽, 패럴림픽

올림픽만큼 치열해요!

♦ 2024년 파리 올림픽이 개최되었어요. 올림픽이 끝나자마자 또 하나의 올림픽이 열렸다는 사실 알고 있었나요? 장애가 있는 선수들을 위한 올림픽인 패럴림픽입니다.

오늘의 키워드 #올림픽

더 보기

패럴림픽(Paralympics)은 국제장애인올림픽위원회(IPC)가 주최하는 장애를 가진 선수들의 올림픽이에요. 올림픽이 폐막한 뒤 같은 도시, 같은 장소에서 개최하는 국제 경기 대회랍니다. IPC는 패럴림픽이 동등한(Parallel) 올림픽이라는 의미를 가지고 있다고 소개해요.

하지만 처음 패럴림픽이 **개최**됐을 때는 **하반신** 마비(Paraplegia)라는 의미를 가지고 시작됐답니다. 영국의 신경외과 의사 루드비히 구트만 박사는 제2차 세계대전 당시 장애를 얻게 된 군인들이 삶의 의욕을 잃고 침대에만 누워 지내는 모습을 안타깝게 여겼어요. 구트만 박사는 군인들의 몸과 정신을 회복시키기 위한 방법을 고민했고, '국제 스토크 맨더빌 경기회'를 열어 **재활**을 도왔답니다. 이 경기가 패럴림픽의 시초가 되었어요.

사실 예전 패럴림픽은 올림픽과 같은 해에만 열리고 다른 장소에서 열린 탓에 다른 대회처럼 인식되었어요. 하지만 우리나라에서 열린 1988년 서울 올림픽 때부터 같은 해, 같은 장소에서 패럴림픽을 개최했고 그 뒤로 다른 나라도 패럴림픽을 올림픽과 같은 곳에서 개최하게 되었답니다.

패럴림픽은 인간의 **한계**를 극복하는 모습을 통해 모든 사람이 장애와 상관없이 무한한 가능성과 열정을 누릴 수 있다는 것을 깨닫게 해 준답니다. 다음 올림픽 때는 패럴림픽도 꼭 함께 보면 어떨까요?

 **콘텐츠 정리하기**

1 패럴림픽에 대한 설명으로 옳은 것은 O, 틀린 것은 X표를 하세요.

1) 패럴림픽은 1988년 서울 올림픽 때 처음 개최되었다. ☐

2) 패럴림픽의 시초는 '국제 스토크 맨더빌 경기회'이다. ☐

2 빈칸에 알맞은 어휘를 골라 써 보세요.

> 개최, 하반신, 재활, 한계

1) 다친 선수들의 회복을 위해 (   ) 훈련에 힘쓰고 있다.

2) 그 선수는 (   )이 마비돼 휠체어를 탔다.

3) 우리 지역에서 전국 빵 축제를 (   )했다.

4) 작은 키의 (   )를 극복하고 농구 선수가 되었다.

≥클릭!≤
어휘 설명

● **개최(開催)** 모임이나 회의 따위를 주최하여 엶.

● **재활(再活)** 장애가 있는 사람이 치료를 받거나 훈련을 하여 다시 일상적인 활동을 함.

● **하반신(下半身)** 허리 아래 부분을 이른다.

● **한계(限界)** 사물이나 능력, 책임 따위가 실제 작용할 수 있는 범위.

콘텐츠 확장하기

▶ 패럴림픽에 출전한 선수에게 응원 댓글을 써 보세요.

▶ 관련 검색어로 배경지식을 확장해 보세요.

🔍 **올림픽(Olympics)** 🎤 📷

국제올림픽위원회 주관 아래 여름과 겨울 각각 4년에 한 번씩 열리는 전 세계 최대 규모의 종합 스포츠 축제예요. 첫 대회는 1896년에 열렸으며, 고대 올림피아 제전을 계승하고 있어요. 각종 메달 수상자, 특히 금메달리스트는 그 종목에 있어서 세계 최고로 인정받게 돼요. 전 세계인에게 스포츠 정신을 계승하고, 관광 효과를 누린다는 장점이 있지만 다른 한편으로는 도시 개발로 인한 빈민촌 강제 철거나 환경 오염 문제 같은 단점도 있답니다.

관련 동영상

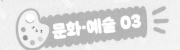

귀가 안 들리는데 작곡을 했다고?

열정은 멈출 수 없어!

청각을 잃고도 대작을 만들 수 있었던 이유 대공개!

◇ 사람들에게 가장 잘 아는 클래식 음악가를 떠올리라고 하면 다섯 손가락 안에 꼽힐 정도로 무조건 등장하는 베토벤! 베토벤은 청각을 잃고도 어떻게 작곡을 했던 걸까요?

오늘의 키워드 #클래식 #메트로놈

더 보기

베토벤은 어릴 때부터 피아노 **신동**이었어요. 성장한 뒤에는 음악가로서 성공하겠다는 꿈을 가졌고 장학금을 받아 오스트리아 빈으로 가게 됩니다. 그곳에서 '**교향곡의 아버지**' 하이든에게 가르침을 받게 되었죠.

베토벤은 형편이 어려워 귀족이나 부자들 모임에서 연주를 하며 **생계**를 꾸렸는데, 언주 실력이 뛰어난 넉에 인기를 끌게 되었고, 자신이 작곡한 곡으로 활동하면서 이름을 알리기 시작했습니다.

그런데 기쁨도 잠시 20대 중후반부터 귀가 들리지 않았어요. 정확한 음을 듣고 연주해야 하는 음악가에게는 아주 큰 문제였죠. 하지만 베토벤은 청각장애를 얻은 이후 오히려 **걸작**을 쏟아 내기 시작했어요. 「운명 교향곡」이나 피아노 소나타 「월광」도 장애를 얻고 난 이후 만들었지요. 그렇다면 귀가 들리지 않았던 베토벤은 어떻게 작곡을 했을까요?

정답은 바로 **진동**에 있습니다. 청력을 잃은 베토벤은 입에 막대를 물고 피아노에 턱을 댄 채 미세한 진동을 느끼며 작곡했어요. 피아노는 건반마다 고유한 진동이 있는데, 미세한 차이를 느끼고 음을 확인했던 거예요. 또한 베토벤의 친구가 귀가 아닌 눈으로 박자를 확인할 수 있는 메트로놈을 만들어 주기도 했어요.

음악가에게 가장 치명적인 청각장애라는 운명을 극복하고 걸작을 남긴 베토벤. 오늘날 우리는 베토벤의 음악 덕에 감동받을 수 있게 되었답니다.

콘텐츠 정리하기

1 베토벤에 대한 설명으로 옳은 것은 O, 틀린 것은 X표를 하세요.

1) 청력을 잃은 뒤 피아노의 미세한 진동을 느끼며 작곡했다. ▢

2) 베토벤의 친구가 악보를 대신 써 주었다. ▢

2 빈칸에 알맞은 어휘를 골라 써 보세요.

> 걸작, 생계, 신동, 교향곡

1) 「모나리자」는 레오나르도 다빈치의 (   ) 중 하나다.

2) 일곱 살 소녀가 그림 (   )으로 텔레비전에 나왔다.

3) 할머니는 (   ) 때문에 산에서 나물을 캐다 파셨다.

4) 예술의 전당에서 베토벤 제9번 (   ) 연주회가 열렸다.

콘텐츠 확장하기

▶ 장애를 이겨 낸 베토벤에게 하고 싶은 말을 써 보세요.

▶ 관련 검색어로 배경지식을 확장해 보세요.

🔍 **클래식(Classic)** 🎤 📷

서양의 전통 작곡 기법이나 연주법에 의한 20세기 전반까지의 고전음악을 말해요. 대표적인 클래식 음악가 베토벤, 쇼팽, 바흐, 모차르트 등이 있어요.

🔍 **메트로놈(Metronome)** 🎤 📷

박자를 측정하거나 템포를 나타내는 기구예요. 추를 이용해서 박자를 조절하고 태엽을 감아 움직였어요. 베토벤의 친구였던 멘첼이 청력이 약해진 베토벤을 위해 1812년 발명된 '템포 측정기'를 개량해 1816년에 메트로놈을 만들었지요.

관련 동영상

K-pop 아이돌의 자격

♦ 한국을 넘어 세계인들이 열광하는 K-pop. 그 중심에는 완벽한 모습으로 멋지게 춤추고 노래하는 아이돌이 있는데요. 화려한 모습 뒤에 어두운 면도 있다고 합니다.

오늘의 키워드 #케이팝

더 보기

요즘 케이팝(K-pop)을 부르는 아이돌은 한국을 넘어 전 세계적으로 큰 인기를 누리고 있습니다. 특히 BTS는 21세기 비틀즈라고 **극찬**을 받으며 세계 문화 중심에 서 있습니다. BTS는 우리나라 가수 최초로 미국 빌보드 차트 1위에 오르기도 했으며, 블랙핑크의 로제는 케이팝 여성 가수 최고 순위를 기록했어요. 이들의 성공으로 인해 '아이돌'에 대한 인식이 달라졌답니다. 하지만 아이돌은 다른 직업과 달리 특수한 어려움도 따라요.

첫째, 미래가 불확실하고 **경쟁**이 심해요. 연예 기획사에 들어가는 것조차 어려우며 들어간다 하더라도 **데뷔**하기 전까지 짧게는 몇 달, 길게는 몇 년까지 연습생 기간을 거치지요. 그렇게 오랜 시간 연습해서 데뷔해도 성공한다는 보장이 없어서 금세 사라지는 아이돌도 많아요.

둘째, 아이돌로 성공하게 되면 사생활이 거의 없어져요. 인기를 누리면 누릴수록 공연, 방송 등 스케줄이 많아져서 거의 쉬지 못해요. 게다가 대중의 관심이 쏠려 있어서 평소 행동과 **발언**도 조심해야 하지요. 게다가 팬들 대부분 10대인 점을 생각하면 자신의 영향력을 인지하며 책임감을 갖고 있어야 해요.

그러니 아이돌의 화려한 모습만 보고 부러워하기보다는 성공하기까지 얼마나 많은 노력을 하고, 어려움을 겪었을지 이해해야 해요. 만약 아이돌이 되고 싶다면 앞서 말한 어려움을 이겨 낼 만큼 간절한 꿈인지 진지하게 생각해 보세요.

콘텐츠 정리하기

1 아이돌에 대한 설명으로 옳은 것은 O, 틀린 것은 X표를 하세요.

1) 아이돌은 미래가 확실히 보장되어 있다. ☐

2) 케이팝 아이돌 팬은 대부분 10대이다. ☐

3) 아이돌로 성공해도 여유롭게 사생활을 즐길 수 있다. ☐

2 빈칸에 알맞은 어휘를 골라 써 보세요.

> 경쟁, 극찬, 발언 , 데뷔

1) 학급 회의에서 (   )할 기회를 얻었다.

2) 아이돌이 되기까지 (   )이 치열하다.

3) 선생님께서 내가 그린 그림을 보고 (   )을 하셨다.

4) 한 원로 배우가 (   )한 지 40년이 되었다.

콘텐츠 확장하기

▶ 자신이 좋아하는 아이돌이 있다면 응원 댓글을 써 보세요.

▶ 관련 검색어로 배경지식을 확장해 보세요.

🔍 **케이팝**(K-pop)　　　　　　　　🎤 📷

대한민국의 대중가요예요. Korean Popular Music에서 대한민국을 가리키는 K
와 인기 있는, 대중적인 뜻을 지닌 Popular에서 Pop을 따와 만든 합성어예요. 우
리나라의 모든 음악을 케이팝이라고 하지는 않고, 주로 인기 많은 대중음악을 가리
키는 말로 쓰이고 있어요. 케이팝이 세계적으로 알려지며 K-인심, K-푸드 등 우리
나라를 대표하는 문화에 K가 붙게 되었답니다.

- **경쟁(競爭)** 같은 목적
  에 대하여 이기거나
  앞서려고 서로 겨룸.
- **극찬(極讚)** 매우 칭찬
  함.
- **데뷔(début)** 일정한
  활동 분야에 처음으
  로 등장함.
- **발언(發言)** 말을 꺼내
  어 의견을 나타냄.

관련 동영상

AI와 스포츠가 만나면 어떻게 될까?

인공지능의 끝은 어디인가!

2024년 한국 프로야구 리그에서 세계 최초로 인공지능 심판인 자동 투구 판정 시스템(ABS)을 도입했어요. 인공지능 심판, 과연 문제는 없을까요?

오늘의 키워드 #한국 프로야구 리그

더 보기

이제 야구의 스트라이크 판정, 축구의 오프사이드 판정 등을 로봇 심판이 먼저 확인한다고 해요. 스포츠 분야에서 활용되고 있는 인공지능(AI) 기술 이야기 입니다.

2022년 카타르 월드컵에서 경기용 공 '알 리흘라'에 센서를 넣은 뒤 고속 카메라로 공의 위치를 실시산으로 분석한 뒤 반칙이 생기면 심판에게 신호를 보내 판정을 내릴 수 있도록 도왔답니다. 2024년에는 한국 프로야구 리그에서 세계 최초 로봇 심판인 '자동 투구 판정 시스템(ABS)'를 도입했어요.

인공지능 기술이 도입되기 전에는 심판의 **오심**으로 인해 종종 승패가 달라지는 경우가 있었어요. 심판도 사람이다 보니 실수를 하지요. 하지만 경기에서 매끄러운 진행과 심판의 **권위**를 위해 판정에 불만이 있어도 오심을 인정할 수밖에 없었어요.

아직 자동 투구 판정 시스템(ABS)이 여러 선수에 대한 체형을 제대로 인식하지 못해 신뢰성에 대한 불만도 있어요. 하지만 정확도가 올라간다면 오심으로 인한 판정 시비는 많이 줄어들 것으로 예상하고 있습니다. 한편 로봇 심판은 판정뿐만 아니라 선수들의 **기량**을 향상시키고 부상을 **방지**하는 데에도 활용될 수 있어요. 경기를 촬영한 다음 분석해서 개인에게 맞는 훈련법을 **제안**하는 것이지요.

인공지능 기술이 스포츠의 다양한 부분에 도입된다면 선수와 팬에게 큰 도움을 줄 수 있을 거예요.

 **콘텐츠 정리하기**

1 로봇 심판에 대한 설명으로 옳은 것은 O, 틀린 것은 X표를 하세요.

1) 한국 프로야구 리그에서 세계 최초 로봇 심판을 도입했다.

2) 인공지능 심판은 완벽하게 신뢰할 수 있어 판정 시비가 없다.

2 빈칸에 알맞은 어휘를 골라 써 보세요.

권위, 기량, 오심, 방지

1) 심판의 (   )으로 메달 순위가 바뀌었다.

2) 대표팀 선수의 (   ) 향상을 위해 훈련 장소를 바꾸었다.

3) 왕이 (   )를 잃자 민심이 요동쳤다.

4) 수해가 발생하는 지역의 사고 (   ) 대책을 마련해야 한다.

콘텐츠 확장하기

▶ 로봇 심판이 등장한다면 인간 심판은 사라지게 될까요? 여러분의 생각을 써 보세요.

▶ 관련 검색어로 배경지식을 확장해 보세요.

> 🔍 **한국 프로야구 리그**(KBO League)   🎤 📷

한국 프로야구 리그를 줄여서 'KBO' 또는 'KBO리그'라고 해요. 프로야구 리그는 대한민국 프로 스포츠 리그 가운데 가장 먼저 시작되었어요. 1981년 12월, 여섯 개 구단으로 시작했으며, 현재는 10개의 구단이 모여 각 팀당 144 게임씩 총 720 경기를 치루어 1위 팀을 가리고 있답니다.

관련 동영상

오른쪽 여백 어휘 설명:

⟫ 클릭! ⟫
어휘 설명

● **권위(權威)** 남을 지휘하거나 통솔하여 따르게 하는 힘.

● **기량(技倆)** 기술상의 재주.

● **방지(防止)** 어떤 일이나 현상이 일어나지 못하게 막음.

● **오심(誤審)** 사실을 잘못 판단하거나 잘못 심판함.

● **제안(提案)** 안이나 의견으로 내놓음. 또는 그 안이나 의견.

독재자 히틀러의 반전 어린 시절

히틀러, 예술을 억압하지 마!

피카소

미대 입시 불합격자의 복수

◇ 무시무시한 전쟁을 일으킨 히틀러가 사실은 클래식과 미술을 좋아했고 예술가를 꿈꾸는 청년이었다는 사실 알고 있나요? 히틀러가 미술을 탄압하게 된 이유를 알아 보아요.

오늘의 키워드 #피카소 #샤갈

더 보기

어린 시절부터 그림을 좋아했던 히틀러가 화가의 꿈을 이루고자 부푼 마음을 안고 빈으로 향했습니다. 그리고 오스트리아에서 가장 유명했던 예술 학교인 빈 아카데미 입학시험을 치르게 되죠. 두 번의 입학시험을 치르었지만, 결과는 모두 불합격. 실망한 히틀러가 자신이 불합격한 이유를 묻자 학교에서 이렇게 말합니다.

"당신의 그림은 건축가의 스케치 같소. 우리 학교는 창의적인 그림을 원합니다."

당시에는 대상을 그대로 **모방**하는 것이 아니라 화가의 개성을 담아 표현하는 창의적인 그림이 주목을 받았어요. 하지만 히틀러의 그림은 개성 없이 건축물의 모습을 있는 그대로 담아 낸 그림이었기에 인정받지 못했던 것이지요.

예술가를 꿈꾸던 청년 히틀러는 자신의 조국 오스트리아가 아닌 독일 군대에 입대하게 되었고, **승승장구**해 독일 총통까지 하게 되었어요. 히틀러는 이때부터 본격적으로 예술을 탄압했어요. 피카소, 샤갈, 마티스와 같은 예술가들의 그림을 '퇴폐 미술'이라고 **조롱**하며, 이들의 그림이 독일인의 정신에 악영향을 줄 수 있기에 금지해야 한다고 주장했습니다. 그리고 약 7,000여 점의 예술 작품을 빼앗고 불태웠지요.

하지만 이러한 **탄압**에도 불구하고 '퇴폐 미술'을 완전히 뿌리 뽑을 수는 없었어요. 사람들에게 영감과 감동을 주는 여러 작품이 많은 사람의 노력 아래 보존되었고 오늘날까지 사랑받고 있답니다.

 **콘텐츠 정리하기**

① 히틀러에 대한 설명으로 옳은 것은 O, 틀린 것은 X표를 하세요.

1) 히틀러는 어려서부터 건축가를 꿈꿨다.

2) 히틀러는 두 번의 입학시험 중 한 곳에서 불합격했다.

② 왼쪽 글을 읽고 빈칸에 알맞은 어휘를 찾아 써 보세요.

1) 히틀러는 독일 군대에 입대하게 되었고, (　　　　　)해 독일 총통까지 하게 되었다.

2) 히틀러의 (　　　　　)에도 불구하고 '퇴폐 미술'을 완전히 뿌리 뽑을 수는 없었다.

3) 당시에는 대상을 그대로 (　　　　　)하는 것이 아니라 개성을 담아 표현하는 창의적인 그림이 주목을 받았다.

콘텐츠 확장하기

▶ 예술 학교 입학시험에서 불합격한 청년 히틀러에게 하고 싶은 말을 써 보세요.

_____

_____

▶ 관련 검색어로 배경지식을 확장해 보세요.

 피카소(Pablo Picasso) 🎤 📷

스페인의 예술가로 화가, 작가, 조각가 등 다양한 분야에서 활동했어요. 어려서부터 천재 소리를 들을 만큼 예술 재능이 뛰어났어요. 「게르니카」, 「아비뇽의 처녀들」 같은 걸작을 남겼답니다.

 샤갈(Marc Chagall) 🎤 📷

러시아에서 태어나고 자랐다가 전쟁으로 인해 프랑스에서 활동했어요. 사람, 동물, 사랑 등을 소재로 그림을 그렸으며, 판화가로도 유명하지요. 대표작으로는 「삶」, 「비테프스크 위에서」 등이 있어요.

관련 동영상

> **클릭!**
> **어휘 설명**

● **모방(模倣)** 다른 것을 본뜨거나 본받음.

● **승승장구(乘勝長驅)** 싸움에 이긴 형세를 타고 계속 몰아침.

● **조롱(嘲弄)** 비웃거나 깔보면서 놀림.

● **탄압(彈壓)** 권력이나 무력 따위로 억지로 눌러 꼼짝 못 하게 함.

예술이 된 변기의 변신!

우리 집 변기도
가능할까?

1917년, 미국 뉴욕에서 전시회를 준비하던 예술가 협회가 발칵 뒤집어졌습니다. 누군가 화장실에 있을 법한 변기를 전시해 달라고 출품했기 때문이죠.

오늘의 키워드　#마르셀 뒤샹

더 보기　전시에 변기를 **출품**한 사람은 바로 '마르셀 뒤샹'입니다. 뒤샹은 기존 예술이 틀에 박혀 있다고 생각했고, 새로운 **발상**으로 예술 활동을 하고 싶어 했어요. 그러던 가운데 재미있는 생각이 떠올라 맨하튼 거리에서 소변기를 하나 샀어요. 그러고는 소변기에 리처드 머트(R. MUTT)라는 가명을 사용해 사인했고, '샘'이라는 제목을 붙여 독립 예술가 전시회에 소변기를 출품하게 됩니다.

독립예술가협회는 뒤샹처럼 새로운 예술을 **추구**하는 사람들의 모임이었어요. 독립예술가협회는 예술의 **관습**을 깨고자 '누구나 출품 가능하며, 어떠한 심사도 하지 않는다.'는 원칙을 가지고 첫 전시를 기획했답니다. 게다가 뒤샹 또한 당시 협회에서 이사로 활동하고 있었어요. 그럼에도 불구하고 새로운 예술을 시도하는 독립예술가협회에서조차 '샘'은 뜨거운 논쟁거리가 되었지요. 뒤샹은 논란의 중심에서 비난과 폭언을 듣기도 했습니다. 기성품인 변기를 예술 작품으로 받아들일 수 없었던 것이죠. 결국 '샘'은 협회 투표 결과 근소한 차이로 전시되지 못했습니다. 하지만 뒤샹의 '샘'은 예술계 역사에 한 획을 그었어요. 뒤샹은 이미 만들어져 있는 사물을 '선택'하는 것도 예술이 될 수 있다고 주장했지요. 이처럼 기성품을 새로운 의도를 가지고 예술 작품으로 탈바꿈시키는 것을 '레디메이드(Ready-made)'라고 해요.

여러분 주변의 물건을 예술 작품으로 만든다면 어떤 물건을 레디메이드하고 싶은지 생각해 보세요.

 **콘텐츠 정리하기**

1 레디메이드가 무엇인지 왼쪽 글에서 찾아 써 보세요.

2 빈칸에 알맞은 어휘를 골라 써 보세요.

관습, 발상, 추구, 출품

1) 선생님은 늘 (   )의 전환이 필요하다고 하셨다.

2) 미술 대회에 낼 작품을 내일까지 (   )해야 한다.

3) 우리 집안은 대대로 내려오는 (   )과 전통이 있다.

4) 나는 1등이 되는 것보다 행복을 더 (   )한다.

콘텐츠 확장하기

▶ 어떤 물건을 레디메이드하고 싶은지 써 보세요.

• 물건:

• 작품명:

• 작품 설명:

▶ 관련 검색어로 배경지식을 확장해 보세요.

🔍 **마르셀 뒤샹**(Marcel Duchamp)   🎤 📷

프랑스 예술가로 미의 개념을 새롭게 정의했다는 평가를 받고 있어요. 창작한 그림이나 조각만이 예술이 아니라 기성품에 자신의 철학을 더하면 얼마든지 예술이 될 수 있다고 주장했지요. 일상에서 흔히 볼 수 있는 자전거 바퀴를 의자에 거꾸로 박은 작품은 일상에서 흔히 볼 수 있는 물건을 예술로 승화한 대표작이 되었어요.

관련 동영상

마라톤! 요즘 왜 열풍일까?

나도
오늘부터 달려?

달리기의 인기가 높아진 만큼 마라톤 대회에 참가하는 사람도 늘었다고 합니다. 마라톤이 만들어지게 된 배경과 마라톤의 장점을 알아보아요.

오늘의 키워드 #러너스 하이

더 보기

마라톤은 육상 종목 가운데 가장 긴 거리를 달리는 운동이에요. 무려 42.195킬로미터를 달리지요. 요즘은 절반 거리를 달리는 하프 마라톤이나 더 짧은 미니 마라톤 등 다양한 코스가 있어요.

마라톤은 고대 그리스에서 시작된 스포츠예요. 기원전 490년, 그리스 아테네군 만 명이 페르시아군 10만 명과 전투했어요. 불리했던 아테네군은 **격전** 끝에 승리했답니다. 한 병사가 **승전** 소식을 전하기 위해 아테네로 달려갔는데, 이 병사가 달려간 거리가 42.195킬로미터였고 이를 기념하기 위해 마라톤 거리가 정해졌다는 전설이 있어요.

마라톤은 건강에 아주 좋아요. **심폐기능**을 높여 주고 비만을 예방하거나 해결하는 데 효과가 있지요. 신체뿐만 아니라 정신을 단련하는 데에도 좋은 영향을 주어요. 긴 거리를 **완주**한다는 도전 정신과 힘든 과정을 견뎌 내는 동안 인내심, 완주 후 성취감을 느낄 수 있답니다. 또한 달리기를 30분 정도 하다 보면 몸이 가벼워지고 머리가 맑아지면서 상쾌한 느낌이 드는데, 이를 '러너스 하이'라고 해요. 러너스 하이는 행복을 느끼게 해 주는 호르몬 '엔돌핀'을 만들어 준답니다.

요즘은 어린이를 위한 마라톤 대회도 생겨나고 있어요. 거리는 3킬로미터 내외여서 조금만 연습하면 어린이도 안전하고 즐겁게 달릴 수 있답니다. 주말이나 방학 때 온 가족이 마라톤에 도전해 보면 어떨까요?

콘텐츠 정리하기

1 마라톤에 대한 설명으로 옳은 것은 O, 틀린 것은 X표를 하세요.

　1) 마라톤은 42.195킬로미터를 달리는 코스만 있다.

　2) 마라톤을 통해 인내심, 성취감 등을 느낄 수 있다.

2 빈칸에 알맞은 어휘를 골라 써 보세요.

> 격전, 승전, 심폐기능, 완주

　1) 금연을 하면 (　　　　)이 좋아진다.

　2) 이순신이 이끄는 수군이 명량에서 (　　　　) 소식을 알렸다.

　3) 어린이 마라톤에 참가해 (　　　　)를 하고 메달을 받았다.

　4) 우리나라 축구 대표팀이 프랑스를 상대로 (　　　　) 끝에 승리했다.

콘텐츠 확장하기

▶ 여러분이 마라톤 대회를 연다면 어떤 마라톤 대회를 열고 싶은지 써 보세요.

　• 대회 이름:

　• 대회 날짜:　　　　　　　　• 대회 장소:

▶ 관련 검색어로 배경지식을 확장해 보세요.

> 🔍 **러너스 하이**(Runners-high)　　　　🎤 📷

　심리학인 아놀드 J 맨델은 러너스 하이를 경험할 수 있는 운동 시간과 강도, 방법 등을 연구했어요. 30분 이상 달리다 보면 베타 엔돌핀이 증가하는데, 이 효과는 진통제 효과의 수십 배에 달한다고 해요. 따라서 오랫동안 달리기를 하면 통증을 잊고 우울증도 날려 버릴 수 있다고 합니다.

관련 동영상

계이름은 누가 만들었을까?

도레미파솔라시 도미노처럼~♬

◇ 악기 연주할 때, 악보를 읽기 위해서는 계이름을 알아야 해요. 처음 듣는 곡이라도 계이름을 알면 쉽게 익힐 수 있거든요. 그런데 계이름은 누가 만들었을까요?

오늘의 키워드 #계이름

더 보기

우리가 알고 있는 '도(Do), 레(Re), 미(Mi), 파(Fa), 솔(Sol), 라(Ra), 시(Si)' 계이름은 누가 만들었을까요? 바로 이탈리아 음악 이론가인 귀도 다레초가 만들었답니다.

귀도 다레초는 교회 성가대에서 **성가**를 가르치는 **지휘자**로 일하고 있었어요. 그런데 성가를 가르칠 때마다 큰 문제가 있었지요. 바로 성가대원들이 음정을 정확하게 잡지 못해 엉뚱한 음을 내는 것이었어요.

귀도 다레초는 **음정**을 나타내는 이름을 정해 주면 성가대원이 음을 쉽게 낼 수 있지 않을까 하는 생각을 했어요. 그러던 가운데 <성 요한 찬가>라는 성가 첫 부분이 한 음씩 올라가는 방식으로 진행된다는 사실을 발견했어요.

다레초는 <성 요한 찬가> 첫 부분 가사 음절을 따서 6개 음에 '우트-레-미-파-솔-라'의 이름을 붙였어요. 나중에 '우트'는 발음하기가 어려워 하느님을 뜻하는 단어인 '도미누스'의 '도'로 바뀌었으며, '시'가 추가 되어 오늘날 우리가 아는 7음계 계이름이 완성되었답니다.

다레초는 이탈리아 사람이었기 때문에 계이름도 이탈리아어예요. 하지만 모든 나라에서 다레초가 만든 계이름 '도레미파솔라시'를 사용하게 되었고, 현재는 공용어처럼 사용되고 있어요. 귀도 다레초 덕분에 사람들은 새로운 **악곡**을 배울 때 오랜 시간 헤매지 않고 쉽게 음정을 익힐 수 있게 되었답니다.

콘텐츠 정리하기

1 계이름에 대한 설명으로 옳은 것은 O, 틀린 것은 X표를 하세요.

1) '도레미파솔라시' 계이름은 이탈리아어이다.

2) 귀도 다레초가 처음 만든 계이름은 지금과 같은 7음계였다.

3) '우트'는 발음하기가 어려워 나중에 '도'로 바뀌었다.

2 빈칸에 알맞은 어휘를 골라 써 보세요.

악곡, 성가, 지휘자, 음정

1) 악단의 연주를 조화롭게 하기 위해 (   )의 고민이 깊어졌다.

2) 친구는 한 번 들은 노래의 (   )을 정확히 따라 부를 수 있었다.

3) 교회에서 많은 사람이 (   )를 듣고 따라 불렀다.

4) 그 작곡가의 (   )은 악기로 연주하기에 적합하다.

 콘텐츠 확장하기

▶ 여러분이 계이름을 짓는다면 어떤 이름으로 지을지 써 보세요.

▶ 관련 검색어로 배경지식을 확장해 보세요.

🔍 **계이름**   🎤 📷

계이름은 음계를 이루는 각 자리의 이름이에요. 귀도 다레초가 만든 '도, 레, 미, 파, 솔, 라, 시'를 계이름이라고 하지요. 음 높이에 따라 상대적으로 바뀔 수 있어요. 반면 음이름은 음의 절대 높이를 가리키기 위해 붙이는 이름이에요. 나라마다 이름이 조금씩 달라요. 우리나라는 '다, 라, 마, 바, 사, 가, 나'라고 하고, 서양에서는 'C, D, E, F, G, A, B'로 표시해요. 국악에서는 음이름을 12개로 나누어 12율명이라고 한답니다.

클릭! 어휘 설명

● **악곡(樂曲)** 음악의 곡조. 또는 곡조를 나타낸 부호. 곡의 형식을 갖고 있는 음악을 말한다.

● **음정(音程)** 음 하나하나의 높고 낮은 정도.

● **성가(聖歌)** 신성한 노래. 가톨릭과 기독교에서 신을 칭송하는 노래.

● **지휘자(指揮者)** 합창이나 합주 따위에서, 노래나 연주를 앞에서 조화롭게 이끄는 사람.

관련 동영상

가위로 그림을 그린다고?

'이가 없으면 잇몸으로'의 현실판 예술가!

> 대부분 화가 하면 붓과 팔레트를 가지고 그림을 그리는 모습을 떠올리지만 붓 대신 가위를 이용해 그림을 그리는 화가가 있어요. 누구일까요?

오늘의 키워드 #앙리 마티스

더 보기

붓 대신 가위로 그림을 만든 화가는 바로 앙리 마티스예요. 마티스는 평소 **과감**한 선과 강렬한 색채를 이용한 그림으로 유명했어요. 거침없는 마티스의 색채를 본 한 **평론가**는 마티스 작품이 마치 야수와 같다고 평가했고, 마티스 그림에 '야수파'라는 별명이 붙게 됩니다.

왕성한 작품 활동을 이어가던 마티스는 노년에 이르러 두 차례나 큰 수술을 받았습니다. 다행히 수술은 성공적이었지만 **후유증**으로 인한 관절염 때문에 더 이상 붓을 쥐기가 어려웠어요.

그럼에도 불구하고 예술에 대한 열망이 식지 않았던 마티스는 손에 붓을 묶고 그림 그리기를 이어 나갔답니다. 그런데 안타깝게도 폐색전증에 걸리게 됐고, 의사는 물감 속 성분이 폐를 더 나쁘게 할 수 있으니 유화물감을 사용하지 말라고 **경고**했어요. 화가에게 물감을 쓰지 말라는 말은 더 이상 그림을 그리지 말라는 말이나 다름없었지요. 하지만 절망하기보다는 새로운 방법을 찾아내기로 결심합니다.

마티스는 '과슈'라는 물감으로 색칠된 색종이를 가위로 그림 그리듯 잘랐어요. 자유분방하면서도 쾌활한 그의 작품은 붓으로 그린 것과는 또 다른 독특한 매력을 뽐냈답니다. 이렇게 색종이를 가위로 잘라 내 붙이는 기법을 '컷아웃(Cut-out)'이라고 해요. 그는 이 기법을 이용해 예술 활동을 이어 나갔고, 노년에도 훌륭한 걸작을 만들어 낼 수 있었답니다.

콘텐츠 정리하기

1 마티스에 대한 설명으로 옳은 것은 O, 틀린 것은 X표를 하세요.

1) 거침없는 색채의 그림으로 일명 야수파 화가라고 한다.

2) 색종이를 가위로 잘라 붙이는 기법을 컷아웃이라고 한다.

2 마티스 이야기 순서대로 번호를 써 보세요.

① 의사 이야기를 듣고 붓 대신 가위와 색종이로 작품을 만들었다.

② 마티스는 노년에 두 차례 큰 수술을 받았다.

③ 손에 붓을 묶고 계속 그림을 그렸다.

④ 컷아웃 기법으로 노년에도 훌륭한 걸작을 만들었다.

(   ) → (   ) → (   ) → (   )

클릭! 어휘 설명

● **과감하다(果敢하다)** 일을 딱 잘라서 결정을 잘하며 용감하다.

● **경고(警告)** 조심하거나 삼가도록 미리 주의를 줌.

● **평론가(評論家)** 평론을 전문으로 하는 사람.

● **후유증(後遺症)** 어떤 병을 앓고 난 뒤에도 남아 있는 병적인 증상.

콘텐츠 확장하기

▶ 병을 극복하고 노년에도 걸작을 만든 마티스에게 하고 싶은 말을 써 보세요.

▶ 관련 검색어로 배경지식을 확장해 보세요.

🔍 **앙리 마티스**(Henri Matisse) 🎤 📷

1869년 12월 31일 프랑스에서 태어났어요. 1800년대 후반부터 1900년대 중반까지 화가로 널리 이름을 알렸어요. 강렬한 색채와 표현으로 야수파(20세기 초반 모더니즘 예술에서 나타났던 미술 흐름)의 창시자로 평가받고 있어요. 주요 작품으로는 「모자를 쓴 여인」, 「삶의 기쁨」, 「춤」 등이 있고 컷아웃 기법 작품으로는 「이카루스」, 「왕의 슬픔」 등이 있답니다.

관련 동영상

수영을 잘하려면 짧아야 한다고?

짧은 다리의 역습!

수영은 키 크고 팔다리가 긴 사람이 잘할 거라고 생각하기 쉽죠? 무조건 그런 것은 아니라는 사실! 수영을 잘하기 위한 의외의 신체 조건을 알아보아요.

오늘의 키워드 #스트로크

더 보기

보통 수영 선수들을 보면 키가 엄청 커요. 수영을 잘하기 위해서는 큰 키도 중요하지만 더 중요한 신체 조건은 따로 있어요. 키는 크고 팔이 길면 좋지만 다리는 짧은 편이 훨씬 유리하다고 해요. 왜 그럴까요?

수영 선수들은 한 번 스트로크를 할 때, 더 멀리 팔을 뻗어야 한꺼번에 많은 양의 **물살**을 가를 수 있어요. 그러니 팔이 길수록 좋아요. 하지만 키와 팔 길이에 비해 다리는 짧은 것이 유리하지요. 수영을 하다 보면 물살의 **저항**을 많이 받게 돼 킥(발로 물살을 차는 동작)이 느려지게 됩니다. 반대로 다리가 짧으면 저항이 줄어 물살을 빨리 가르는 데 도움이 되지요. 그래서 다리가 긴 선수보다 더 적은 힘을 들이고도 킥을 할 수 있어요. 그 외에도 손발이 크면 수영할 때 도움이 됩니다. 커다란 지느러미나 **물갈퀴**를 가진 동물이 헤엄을 잘 치듯이 손발이 넓으면 헤엄치는 데 도움이 되지요.

키는 크면서 팔은 길고, 다리는 짧아야 한다니 정말 어려운 신체 조건이지요? 그런데 이 신체 조건에 **적합**한 수영 선수가 있어요. 바로 미국 수영 선수 마이클 펠프스입니다.

마이클 펠프스의 **신장**은 193센티미터로 매우 커요. 큰 키에 양팔 길이는 무려 203센티미터나 되지요. 그에 비해 다리는 81센티미터밖에 안 된다고 합니다. 수영에 아주 유리한 신체 조건을 가져서인지 올림픽에서 가장 많은 메달을 딴 선수로 기록되고 있답니다.

콘텐츠 정리하기

1 수영에 적합한 신체 조건에 대한 설명으로 옳은 것은 O, 틀린 것은 X표를 하세요.

1) 수영 선수는 팔이 길어야 물살을 가를 때 유리하다. ☐

2) 수영 선수는 다리가 길어야 물살의 저항을 덜 받는다. ☐

2 왼쪽 글을 읽고 빈칸에 알맞은 어휘를 찾아 써 보세요.

1) 더 멀리 팔을 뻗어야 한꺼번에 많은 양의 (　　　　　)을 가를 수 있다.

2) 다리가 짧으면 (　　　　　)이 줄어 물살을 빨리 가를 수 있다.

3) 커다란 지느러미나 (　　　　　)를 가진 동물이 헤엄을 잘 친다.

4) 마이크 펠프스의 (　　　　　)은 193센티미터로 매우 크다.

클릭! 어휘 설명

● **물갈퀴** 개구리, 기러기, 오리 따위의 발가락 사이에 있는 얇은 막.

● **물살** 물이 흘러 내뻗는 힘.

● **신장(身長)** 사람이나 동물이 똑바로 섰을 때에 발바닥에서 머리끝에 이르는 몸의 길이.

● **저항(抵抗)** 물체의 운동 방향과 반대 방향으로 작용하는 힘.

● **적합(適合)** 일이나 조건 따위에 꼭 알맞음.

콘텐츠 확장하기

▶ 운동선수에게 타고난 신체 조건이 중요한지, 노력이 더 중요한지 자신의 생각을 써 보세요.

▶ 관련 검색어로 배경지식을 확장해 보세요.

🔍 **스트로크(Stroke)** 🎤 📷

스트로크는 여러 운동 분야에서 쓰이는 용어예요. 보통 배드민턴이나 골프에서는 공을 치는 동작을 말하고, 수영에서는 물에서 앞으로 나아갈 수 있도록 하는 상체의 움직임(주로 팔)을 말한답니다. 수영에서 앞으로 나아가려면 팔로 노를 젓는 것처럼 물살을 갈라야 해요. 보트에서 노를 젓는 동작도 스트로크라고 한답니다. 스트로크 방법에 따라 자유형, 배영, 평영, 접영으로 나뉘어요.

관련 동영상

연주를 멈춘 까닭은?

휴대전화는 잠시 꺼 두세요.

> 조용한 분위기 속 피아니스트의 연주가 무르익어 가고 있는 그때, 피아니스트가 갑자기 연주를 멈추었습니다. 도대체 왜 연주를 멈추었을까요?

오늘의 키워드 #오케스트라

더 보기

"띠리리리!" 오케스트라와 피아노의 아름다운 **선율**을 망쳐 버린 것은 **관객**석에서 갑작스레 들려온 휴대전화 벨소리였어요. 벨소리가 울린 순간 피아니스트와 오케스트라는 연주를 멈췄고 공연장 분위기는 순식간에 싸늘해졌어요. 연주자는 연주를 마친 뒤 인터뷰에서 벨소리 때문에 연주를 이어 나갈 수가 없었다고 말했습니다.

연주자는 무대에서 관객에게 감동을 전하기 위해 수많은 시간을 연습하며 철저히 준비합니다. 그러고는 연주회 당일에는 온정신을 다해 음악 연주에 **몰두**하지요. 자신의 악기에서 나는 소리와 다른 악기에서 나는 소리를 집중해 듣고 섬세하게 음을 조정하며 연주하기 위해서예요. 이런 노력 끝에 연주자들은 공연장에서 완벽에 가까운 음악을 관객에게 선보일 수 있게 됩니다.

관객이 연주자의 아름다운 연주에 **화답**할 수 있는 방법은 무엇일까요? 바로 관람 예절을 지키는 것이에요. 연주자들이 들려주는 음악에 대한 예의로 조용히 집중하며 감상해 주어야 해요. 또, 연주에 집중하고 있을 다른 사람을 위해 방해되는 행동을 하면 안 된답니다. 예컨대 자리에서 자주 일어나거나 사진을 찍는 등의 행동을 하는 것도 실례예요.

연주자가 최선을 다한 훌륭한 연주에 관객이 음악에 대한 존중으로 멋진 관람 예절을 보여 줄 때 비로소 멋진 음악회가 완성된답니다.

 **콘텐츠 정리하기**

**클릭!
어휘 설명**

① 연주회에 대한 설명으로 옳은 것은 O, 틀린 것은 X표를 하세요.

    1) 연주자는 관객에게 감동을 전하기 위해 많은 시간을 준비한다. ☐

    2) 관람 예절은 다른 관객을 위해서라도 지켜야 한다. ☐

② 빈칸에 알맞은 어휘를 골라 써 보세요.

> 선율, 관객, 몰두, 화답

    1) 친구가 퍼즐 맞추기에 (　　　　　　)하자 주변이 조용해졌다.

    2) 선배 가수가 노래를 부르자 후배 가수가 노래에 (　　　　　　)했다.

    3) 음악실에서 아름다운 바이올린 (　　　　　　)이 울려 퍼졌다.

    4) 음악이 끝나자 (　　　　　　)석에서 박수갈채가 쏟아졌다.

- **관객(觀客)** 운동 경기, 공연, 영화 따위를 보거나 듣는 사람.

- **몰두(沒頭)** 어떤 일에 온 정신을 다 기울여 열중함.

- **선율(旋律)** 소리의 높낮이가 길이나 리듬과 어울려 나타나는 음의 흐름.

- **화답(和答)** 시(詩)나 노래에 응하여 대답함.

콘텐츠 확장하기

▶ 연주회 도중 벨소리가 울린 관객에게 하고 싶은 말을 써 보세요.

▶ 관련 검색어로 배경지식을 확장해 보세요.

> 🔍 **오케스트라**(Orchestra)　　　　　🎤 📷

우리말로 관현악단이라고 해요. 서양음악에서 관악기와 현악기 등 여러 악기로 연주하는 것을 말하지요. '오케스트라'라는 단어는 고대 그리스어인 연극 무대와 관람석 사이 공간을 뜻하는 단어에서 유래했어요. 예전에는 악기 연주자나 합창단이 연극 무대와 관람석 사이에서 극에 필요한 음악을 연주했거든요. 현대의 오케스트라는 최소 50명에서 120명 가까이 되는 연주자가 모여 연주를 하며, 플루트, 오보에, 클라리넷, 트럼펫 같은 관악기와 바이올린, 비올라, 첼로, 하프 같은 현악기, 팀파니 같은 타악기, 피아노나 오르간 같은 건반악기로 이루어져 있답니다.

관련 동영상

노벨 문학상이 부른 독서 열풍!

노벨상 받은 한강의 기적!

> 우리나라 소설가 한강이 2024년 노벨 문학상의 주인공이 되었습니다. 한강 작가 수상 소식이 전해지자 전국의 서점에서는 그의 책을 찾는 손님들로 북새통을 이루었어요.

오늘의 키워드 #노벨상

더 보기

　　노벨상은 1년 동안 인류에게 가장 큰 **기여**를 한 인물에게 주는 상이에요. 이 상은 스웨덴 화학자였던 알프레드 노벨의 **유언**으로 시작되었답니다. 다이너마이트를 발명해 많은 돈을 번 노벨은 죽기 전에 전 재산을 기부하며 당부했어요. '매년 인류에게 가장 큰 도움을 준 사람에게 상을 수여해 달라.'고 말이에요. 그렇게 만들어진 노벨 재단은 매년 10월 평화, 문학, 물리학, 화학, 생리·의학, 경제학 총 6개 분야의 수상자를 선정해 발표하고 있답니다.

　　한강 작가는 우리나라는 물론 아시아 여성 최초로 노벨 문학상을 타게 되었어요. 우리나라에서는 노벨 평화상을 받았던 고(故) 김대중 대통령 이후로는 두 번째 노벨상이에요. 한강 작가가 세계적으로 이름을 알리기 시작한 작품은 《채식주의자》입니다. 이 작품으로 2016년 영국에서 최고의 영어 소설에 수여되는 부커상을 수상하게 됩니다. 한강 작가의 노벨 문학상 수상으로 많은 국민이 매우 명예로운 일이라며 기뻐했어요. 이번 수상으로 우리나라 문학 수준이 세계적으로 인정받게 되었거든요.

　　뿐만 아니라 한강 작가의 노벨 문학상 수상 직후 여러 대형 서점에서는 작가의 책을 사고자 '오픈런' **행렬**이 이어졌고, 온라인 서점도 주문이 **폭주**하며 품절 사태를 빚기도 했답니다. 노벨 문학상이 불러온 '한강' 열풍으로 대한민국 곳곳에 독서 바람이 일었고, 출판사와 인쇄소 등 관련 업계도 행복한 비명을 지르고 있답니다.

 **콘텐츠 정리하기**

 >클릭!<
어휘 설명

1 노벨상에 대한 설명으로 옳은 것은 O, 틀린 것은 X표를 하세요.

1) 노벨상은 매년 8개 분야에서 수상자를 뽑는다.

2) 한강 작가의 노벨 문학상 수상으로 독서 열풍이 일었다.

2 빈칸에 알맞은 어휘를 골라 써 보세요.

기여, 유언, 행렬, 폭주

1) 전통 의상을 입은 사람들이 긴 (   )을 이루며 걸어갔다.

2) 많은 사람이 한꺼번에 접속해 사이트가 (   )하고 있다.

3) 할아버지는 자손에게 남길 (   )을 남기고 돌아가셨다.

4) 조원 모두의 (   ) 덕분에 우리 조는 훌륭히 발표를 마쳤다.

● **기여(寄與)** 도움이 되도록 이바지함.

● **유언(遺言)** 죽음에 이르러 말을 남김. 또는 그 말.

● **폭주(暴注)** 어떤 일이 처리하기 힘들 정도로 한꺼번에 몰림.

● **행렬(行列)** 여럿이 줄지어 감. 또는 그런 줄.

콘텐츠 확장하기

▶ 노벨 문학상을 받은 작가에게 하고 싶은 말을 써 보세요.

▶ 관련 검색어로 배경지식을 확장해 보세요.

🔍 **노벨상**(Nobel Prizes)

노벨상은 스웨덴 왕립과학아카데미(한림원)와 노르웨이 노벨 위원회에서 주최하고 있어요. 총 여섯 개 분야에서 세계적인 기여를 한 사람을 뽑아 노벨이 사망했던 날인 12월 10일에 수여하지요. 소개사는 수상자의 모국어로 하고, 시상은 스웨덴 국왕이 하며, 수상자는 6개월 이내에 자신에 업적에 관한 강연을 해야 해요. 수상자에게 주어진 상금은 1,100만 크로나이며, 우리나라 돈으로 약 14억 원 정도 된답니다. 그보다 값진 선물은 전 세계에서 해당 분야에 혁혁한 공을 세운 사람으로 인정받게 된다는 영광이지요.

관련 동영상

작곡 대회 1위 수상작의 정체

이 노래는······ 보류입니다.

전라남도교육청이 미래 교육 박람회를 홍보하기 위해 주제곡을 공모했어요. 그런데 1위를 수상한 곡, 어딘가 수상하다고 하는데 과연 무슨 일일까요?

오늘의 키워드 #챗지피티

더 보기

공모전에서 1위를 수상한 곡은 '세상에 소리쳐, 글로컬!'이라는 곡으로 희망찬 가사와 밝고 흥겨운 분위기의 노래였어요. 그런데 수상 전 응모자는 이 곡이 인공지능으로 창작한 곡이라고 밝혀 심사 위원들이 당황했답니다. 인공지능 곡을 응모한 사람은 인공지능 서비스에 문자 명령어를 여러 번 반복해 입력하면서 노래를 만들었다고 해요.

심사 위원들은 처음 이 곡을 들었을 때 인공지능으로 만든 노래라고 생각하지 못했다고 해요. 결국 긴 토론 끝에 인공지능으로 만든 곡을 최종 수상작으로 선정했어요. 공모전을 열었을 당시 인공지능을 사용하지 말라는 조건이 없었고, '미래 교육 박람회'라는 주제와 어울렸기 때문이지요.

최근 예술 분야에서 인공지능이 만든 작품이 종종 등장하고 있어요. 2022년, 미국의 한 미술 대회와 2023년, 세계적으로 규모 있는 사진 대회에서 인공지능으로 만든 작품이 1위를 했지요. 심지어 챗지피티를 이용해 쓴 시나 소설도 속속 출판되고 있답니다. 사람들은 인공지능이 예술 작품을 만드는 것을 보고 고민에 빠졌어요. 예술은 인간만이 가진 **참신함**과 **기발함**을 잘 보여 주는 분야예요. 그런데 사람만이 할 수 있다고 생각했던 창작을 인공지능이 하고 있으니 혼란스러운 거예요. 어떤 사람들은 인공지능이 창작을 하더라도 인간의 명령이 필요하므로 그 또한 인간의 창작이라고 주장하기도 해요. 여러분의 생각은 어떤가요?

콘텐츠 정리하기

1 왼쪽 글을 읽고 빈칸에 알맞은 어휘를 찾아 써 보세요.

1) 예술은 인간만이 가진 (   )과 (   )을 보여 주는
분야이다.

2) (   )를 이용해 쓴 시나 소설이 출판되고 있다.

2 빈칸에 알맞은 어휘를 골라 써 보세요.

> 공모, 응모, 참신

1) 학교에서 전기 절약 표어를 (   )했다.

2) 그 아이디어는 신입 사원의 (   )함이 돋보였다.

3) 전국 미술 대회 공모전에 열심히 만든 작품을 (   )했다.

콘텐츠 확장하기

▶ 인공지능이 만든 작품이 예술인지 아닌지 자신의 생각을 써 보세요.

▶ 관련 검색어로 배경지식을 확장해 보세요.

🔍 **챗지피티**(Chat GPT)   🎤 📷

챗지피티는 미국의 인공지능 연구소 Open AI에서 만든 인공지능 챗봇이에요. 챗
지피티는 사용자가 어떤 질문을 입력했을 때 프로그램 안에 있는 자료 안에서, 미
리 학습된 대로 답을 찾아내요. 초기에는 자료 양이 많지 않아 대답이 정교하지 않
았지만, 새로운 버전이 나올수록 학습된 자료의 양이 방대해져서 대답 수준도 높
아지고 있어요. 그래서 전문가들은 인공지능이 인간을 뛰어넘을 때 가져올 수 있는
여러 가지 문제에 대해서 경고하고 있어요.

관련 동영상

온라인 게임이 올림픽에 포함된다고?

게임, 포함 시켜, 말아?

> ◇ 리그 오브 레전드 대회인 일명 롤드컵 같은 e스포츠는 온라인으로 겨루는 게임이에요. 그런데 과연 e스포츠도 스포츠인지, 올림픽 참여가 가능한지 궁금하지 않나요?

오늘의 키워드 #프로 게이머 👍 👎

더 보기

e스포츠는 전자 스포츠 또는 사이버 스포츠로 불려요. 비디오게임을 통해 사람과 사람 간에 경쟁을 하는 것이지요. 흔히 우리가 알고 있는 스포츠는 신체 움직임을 통해 승부를 내거나 기록으로 경쟁해요. 하지만 e스포츠는 신체 능력보다는 **전략**이나 집중력, 정신적인 능력으로 겨루기 때문에 바둑, 장기, 체스 등과 함께 마인드 스포츠로 분류되고 있어요.

2023년 항저우 아시안 게임에서 처음으로 e스포츠가 다른 스포츠와 함께 정식 종목으로 **채택**되었어요. 우리나라에서도 리그 오브 레전드, 배틀그라운드 등 4개 종목, 19명의 프로 게이머 선수가 출전했답니다. 선수들은 태극마크를 달고 우리나라를 대표해 다른 나라 선수와 선의의 경쟁을 펼쳤습니다. e스포츠 팬들은 아시안게임에서 좋아하는 게임과 선수들의 활약을 볼 수 있어서 환호했답니다. 물론 e스포츠는 우리가 알던 스포츠와 많이 다릅니다. 하지만 국적이나 인종, 성별, **계급**, 종교를 뛰어 넘어 정정당당한 경쟁으로 단합할 수 있다는 점에서 다른 스포츠와 다를 것이 없었지요.

한편, 국제올림픽위원회(IOC)에서는 e스포츠를 미래 스포츠라고 인정하면서 e스포츠를 올림픽에 포함시킬 수도 있다는 입장을 발표했었어요. 하지만 2024년 열린 파리 올림픽에서는 e스포츠에 **폭력성**이 있다며 올림픽 종목으로 채택하지 않았지요. 앞으로 올림픽에서 e스포츠를 보는 날이 오게 될까요?

 **콘텐츠 정리하기**

1 e스포츠에 대한 설명으로 옳은 것은 O, 틀린 것은 X표를 하세요.

1) e스포츠는 신체 움직임을 통해 승부를 내거나 기록으로
   경쟁한다.

2) 파리 올림픽 때부터 e스포츠가 정식 종목으로 채택되었다.

2 빈칸에 알맞은 어휘를 골라 써 보세요.

계급, 전략, 채택, 폭력성

1) 전쟁은 인간의 (   )을 잘 보여 주는 예이다.

2) 이순신 장군은 학익진 전법이나 거북선을 활용하는 (   )을
   세웠다.

3) 올림픽에서 브레이킹이 정식 종목으로 (   )됐다.

4) 삼촌은 군대에서 부사관보다 (   )이 높았다.

클릭! 어휘 설명

● **계급(階級)** 사회나 일정한 조직 내에서의 지위나 관직 따위의 단계.

● **전략(戰略)** 전쟁을 전반적으로 이끌어 가는 방법이나 책략. 전술보다 높은 개념.

● **채택(採擇)** 작품, 의견, 제도 따위를 골라서 다루거나 뽑아 씀.

● **폭력성(暴力性)** 폭력의 내용이 담긴 성질이나 폭력을 불러일으키게 하는 성질.

콘텐츠 확장하기

▶ 관련 검색어로 배경지식을 확장해 보세요.

🔍 **프로 게이머**(Pro gamer) 🎤 📷

비디오게임 경기를 직업으로 하는 사람이에요. 프로 게이머는 바둑이나 체스처럼 기업이나 구단에 속해 급여를 받고 경기에 출전해요. 우리나라 특유의 끈기와 경쟁에 익숙한 교육 환경, e스포츠에 대한 팬들의 열정 덕에 세계적인 프로 게이머를 많이 배출했답니다.

🔍 **페이커**(Faker) 🎤 📷

T1 소속의 프로게이머예요(2024년 기준). 페이커 선수는 리그오브레전드에서 뛰어난 기록을 갖고 있는 세계적인 선수랍니다. 2023년 제19회 항저우 아시안게임 e스포츠 국가대표이기도 했어요. 페이커는 프로게이머로 데뷔하자마자 11년간 세계 정상의 자리를 지키고 있어요.

관련 동영상

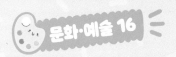
화려한 인플루언서의 세계

연예인보다 인기 많은 인플루언서의 모든 것!

◇ 짧은 시간 화려하게 변신하는 틱톡커, 맛있는 음식을 야무지게 먹는 먹방 유튜버 등 다양한 매력으로 SNS에서 인기를 얻고 있는 인플루언서! 왜 이렇게 핫할까요?

오늘의 키워드 #인플루언서

더 보기

　인플루언서는 인터넷이나 SNS에서 수천, 수만 팔로워를 가진 **영향력** 있는 사람을 말해요. 인터넷 발달로 많은 사람이 SNS를 이용하기 때문에 유명 인플루언서는 연예인만큼 영향력이 커요. 또한 연예인처럼 많은 사람에게 즐거움을 준다는 면에서 닮은 점도 있어요.

　반면 연예인이 영화나 텔레비전 방송에 출연하는 것과 달리 인플루언서는 온라인 **매체**인 유튜브, 틱톡, 블로그, 인스타그램 등에서 활동하며 팔로워들과 더 가까이 소통한다는 점이 연예인과는 다르답니다. 인플루언서들은 어떻게 유명해지고 사람들에게 어떤 영향을 끼치고 있을까요?

　인플루언서는 많은 사람이 좋아하고 **몰입**할 수 있는 콘텐츠를 만들어요. 텔레비전에 나오는 연예인처럼 노래, 연기, 개그 콘텐츠를 **공유**해 사랑받는 경우도 있지만, 화장법이나 패션, 운동, 게임, 요리 등의 다양한 취미 콘텐츠를 공유해 인기를 끌기도 하지요. 인플루언서가 자신만의 개성 있는 콘텐츠를 만들면, 콘텐츠를 본 사람들은 콘텐츠에 댓글을 달거나 '좋아요' 표시를 하며 활동을 응원해요. 이런 반응이 뜨거울수록 인플루언서의 콘텐츠는 다른 사람에게도 노출되며 더욱 유명해집니다.

　요즘은 유명 연예인이 인플루언서가 되기도 하지만 무조건 성공하는 것은 아니에요. 오랫동안 사랑받는 인플루언서가 되려면 대중이 원하는 콘텐츠를 꾸준히 만들며 소통해야 합니다.

콘텐츠 정리하기

① 콘텐츠 내용을 요약한 문장에 O표를 하세요.

- 인플루언서가 무엇인지에 대해 설명하는 글

- 인플루언서가 되라고 권하는 글

② 빈칸에 알맞은 어휘를 골라 써 보세요.

영향력, 매체, 몰입, 공유

1) 대통령은 대중에게 끼칠 ( )을 생각하며 행동해야 한다.

2) 취미로 만든 영상을 유튜브에 올려 구독자에게 ( )했다.

3) 대중 ( )는 대중에게 같은 정보를 전달한다.

4) 무용가가 자신의 춤에 완전히 ( )했다.

클릭! 어휘 설명

- **공유(共有)** 정보나 의견, 감정 따위를 나눔.

- **매체(媒體)** 어떤 작용을 한쪽에서 다른 쪽으로 전달하는 물체나 수단.

- **몰입(沒入)** 깊이 파고들거나 빠짐.

- **영향력(影響力)** 어떤 사물의 효과나 작용이 다른 것에 미치는 힘. 또는 그 크기나 정도.

콘텐츠 확장하기

▶ 인플루언서가 된다면 어떤 콘텐츠를 하고 싶은지 써 보세요.

▶ 관련 검색어로 배경지식을 확장해 보세요.

🔍 **인플루언서(Influencer)** 🎤 📷

인플루언서는 연예인처럼 대중에게 어떤 재능을 선보이기 위해 여러 관계자가 함께 일하는 것과 달리, 개인이 콘텐츠를 만들고 인터넷에 공유하며 대중에게 관심을 받아요. 유명한 인플루언서는 연예인만큼의 파급력을 갖고 있으며 방송에 진출하기도 합니다. 하지만 관심받기 위해 과도한 설정을 하거나 남에게 피해를 주는 행동을 하기도 해 인플루언서에게도 도덕성이 요구되고 있지요.

관련 동영상

지하철 빌런? 빌런이 뭐예요?

빌런이 나타났다!

"오늘 지하철 탔는데 지하철 빌런 만났잖아."
"영화관 빌런 때문에 영화 제대로 못 봤어."
대체 빌런이 뭘까요? 함께 알아보아요.

오늘의 키워드 #빌런

더 보기

빌런은 영화, 드라마, 웹툰 등 이야기에 등장하는 악당이나 악역을 나타내는 말이에요. 원래 빌런은 'Villanus'라는 라틴어에서 **유래**했어요. 중세 시대 유럽 농장 노동자나 농부를 뜻하는 말이었지요. 그런데 왜 농부가 악역을 나타내는 말이 되었을까요? 중세 유럽 농민들은 농사를 짓느라 고생했지만 돈은 거의 벌지 못했어요. 가난 때문에 남의 돈을 빼앗거나 도둑질하는 경우가 많았지요. 그때부터 다른 사람을 괴롭히는 사람더러 빌런이라고 부르게 되었답니다.

영화에서 빌런은 주인공만큼이나 중요한 역할을 해요. 주인공의 능력을 더 돋보이게 해 주거든요. 악당이나 악역의 **악행**이 없다면 주인공의 멋진 능력도 발휘할 수 없을 테니까요. 《백설 공주》에서 공주에게 독 사과를 먹여 위기에 빠뜨린 마녀가 없다면 백설 공주 이야기가 재미있었을까요? 이처럼 빌런은 이야기를 이끌어가는 중요한 역할을 합니다. 그래서인지 최근 빌런을 주인공으로 내세운 영화나 드라마를 종종 볼 수 있어요.

요즘에는 일상에서도 빌런이라는 말을 많이 써요. 하지만 원래 사용하던 의미와는 조금 다른 의미로 사용되고 있습니다. 영화에서처럼 무시무시한 악행을 저지르는 사람이 아니라 괴팍한 행동을 하는 **괴짜**이거나 다른 사람에게 **민폐**를 끼치는 행동을 하는 사람을 빌런이라고 하지요. 남들과 조금 다르거나 나와 맞지 않다고 '빌런'으로 정의하는 것은 아닌지 생각해 봐야 해요.

 **콘텐츠 정리하기**

① 각 상황 속 빌런의 의미를 왼쪽 글에서 찾아 써 보세요.

중세 시대 빌런	
이야기 속 빌런	
일상 속 빌런	

- **괴짜(怪짜)** 괴상한 짓을 잘하는 사람을 속되게 이르는 말.

- **민폐(民弊)** 민간에 끼치는 폐해. 또는 다른 사람에게 불편함을 주는 행동을 일컬음.

- **악행(惡行)** 악독한 행위.

- **유래(由來)** 사물이나 일이 생겨남.

② 빈칸에 알맞은 어휘를 골라 써 보세요.

유래, 괴짜, 민폐

1) 어떤 사람이 공공장소에서 시끄럽게 (   )를 끼쳤다.

2) 빈센트 반 고흐는 특이한 행동을 일삼는 (   )였다.

3) 대전이라는 지명은 큰 밭이 있었다는 데서 (   )했다.

 콘텐츠 확장하기

▶ 일상에서 민폐를 끼치는 사람을 본 적이 있나요? 그 사람의 어떤 행동이 잘못되었는지 써 보고 올바른 행동도 써 보세요.

민폐 행동	예) 기차에서 시끄럽게 통화함.
올바른 행동	예) 기차에서는 조용히해야 하며 통화는 객실 밖에서 한다.

관련 동영상

세계에서 난리 난 K-푸드의 인기

Do yo Know, Kimbap?

> ◇ 요즘 뉴욕 한복판에 있는 한국 식당이 인기라고 해요. 외국인이 한국식 백반을 먹는 모습은 한국의 여느 식당과 다를 바가 없어 보여요. 외국인들은 왜 한국 음식에 열광할까요?

오늘의 키워드 #한류

더 보기

전 세계에서 인기 끌고 있는 K-팝과 K-드라마, K-뷰티에 이어 K-푸드까지 외국인들에게 인기라고 합니다. 세계 경제와 문화의 중심지라고 할 수 있는 미국 뉴욕에 한식당이 많이 생겼으며 외국인들이 순두부, 갈비와 같은 한식을 즐기고 있다고 해요. 특히 미국 유통 체인점에서는 한국 냉동 김밥을 판매하기 시작했는데, 외국인 사이에서 입소문을 타면서 판매를 시작한 지 2주 만에 **품절**이 되기도 했지요. 외국인들은 어쩌다 한국 음식에 **열광**하게 되었을까요?

첫째, 한류 열풍이 불며 한국 문화가 널리 퍼졌어요. 케이팝과 한국 드라마, 예능 등이 세계적으로 인기를 끌면서 자연스럽게 우리나라 음식 문화에도 관심을 가지게 되었습니다.

둘째, 우리나라 음식의 맛과 매력도 한몫합니다. 한국 음식은 건강하고 **다채로운** 맛을 지녔다는 평가를 받습니다. 또한 한식은 다양한 식재료로 만든 반찬을 함께 먹어 영양소를 골고루 섭취할 수 있어요. 요즘 외국인들은 건강한 한식 외에도 라면이나 떡볶이 같은 한국인의 매운맛에 열광하고 있지요.

셋째, **정보** 통신 기술의 발달이 영향을 미쳤습니다. 예전에는 외국에서 한국 음식을 접하기 어려웠지만, 지금은 SNS에서 K-푸드를 검색하면 한국의 여러 가지 음식과 조리법 등을 어렵지 않게 접할 수 있어요. 그래서 외국인들도 원하기만 하면 한국 음식을 직접 만들고 먹어 볼 수 있게 되었어요.

콘텐츠 정리하기

1 콘텐츠 내용을 요약한 문장에 O표를 해 보세요.

- K-푸드가 인기를 끈 이유를 설명하는 글
- K-푸드의 의미와 만드는 법을 소개하는 글

2 빈칸에 알맞은 어휘를 골라 써 보세요.

> 다채롭다, 열광, 정보, 품절

1) 가수가 무대에 등장하자 팬들이 (   )했다.

2) 정원에 활짝 핀 꽃들이 매우 (   ).

3) 인터넷 발달로 손쉽게 (   )를 얻을 수 있다.

4) 노벨 문학상 수상으로 수상자의 책이 모두 (   )됐다.

콘텐츠 확장하기

▶ 외국인에게 소개하고 싶은 우리나라 음식을 써 보세요.

- 소개하고 싶은 음식:
- 소개하고 싶은 까닭:

▶ 관련 검색어로 배경지식을 확장해 보세요.

🔍 **한류**(韓流, Korean Wave)

우리나라 문화, 특히 대중문화가 세계로 퍼져 유행하는 현상을 이르는 말이에요. 우리나라는 그동안 일본이나 중화권 문화의 영향을 많이 받았다가, 경제가 부흥하면서 문화 산업이 급격하게 발달하기 시작했어요. 우리나라 1세대 아이돌과 2000년대 초 드라마가 아시아에서 인기를 끌며 한류가 시작되었답니다.

관련 동영상

모나리자를 둘러 싼 미스터리

그녀에게 숨겨진 비밀!

전 세계에서 가장 유명한 그림으로 꼽히는 작품은 바로 레오나르도 다빈치의 「모나리자」예요. 오늘은 그 숨겨진 이야기를 살펴볼까요?

오늘의 키워드 #레오나르도 다 빈치

더 보기

레오나르도 다 빈치의 그림 「모나리자」는 세상에서 가장 유명한 **초상화**입니다. '모나리자'라는 말은 이탈리아어로 '리자 부인'이란 뜻이에요. 현재 「모나리자」는 프랑스 파리의 루브르 박물관에 전시되어 있어요.

모나리자에서 가장 **인상적**인 부분은 그림 속 주인공인 리자 부인의 표정이에요. 주인공의 입꼬리가 슬쩍 웃는 것 같기도 한데 눈을 보면 웃는 표정이 아닌 것처럼 느껴지기도 하거든요. 또 그림의 신비감을 더해 주는 데 배경도 한몫하지요. 가까운 풍경은 선명하게 먼 풍경은 흐릿하게 그려 공간의 깊이감을 느낄 수 있게 그려졌어요.

「모나리자」에는 몇 가지 풀리지 않는 **의문**이 있어요. 첫째, 그림의 모델이 누구인지 모른다는 거예요. 다 빈치가 직접 그림 속 모델이 누구인지 밝힌 적이 없거든요. 화가이자 건축가였던 조르조 바사리는 피렌치의 상인이었던 델 조콘도의 부인 '리자 게라르디니'를 그린 것이라고 주장했어요. 다른 한편에서는 여장을 한 다 빈치가 본인을 그렸다는 주장도 있지요.

둘째, 눈썹에 관한 것이에요. 모나리자 특징 가운데 모델의 눈썹이 없다는 점은 널리 알려진 사실인데요. 「모나리자」를 그릴 당시 미의 기준이 이마가 넓은 사람이었기 때문에 눈썹을 밀어 없애는 것이 유행했을 것이라고 짐작하고 있어요.

모나리자는 그림 자체도 걸작이지만, 작품을 둘러싼 미스터리가 상상력을 불러일으켜요. 그래서 오랜 세월 사람들의 관심과 사랑을 받고 있답니다.

① 「모나리자」에 대한 설명으로 옳은 것은 O, 틀린 것은 X표를 하세요.

1) 그림의 배경이 가까운 곳은 흐리게, 먼 곳은 선명하게 그려졌다. ☐

2) 그림 속 모델이 다 빈치의 여동생이라는 의견이 많다. ☐

3) 「모나리자」는 지금까지도 사람들의 관심을 받고 있다. ☐

② 왼쪽 글을 읽고 빈칸에 알맞은 어휘를 찾아 써 보세요.

1) 「모나리자」는 프랑스 파리의 루브르 (　　　　　　)에 전시되어 있다.

2) 그림의 신비감을 더해 주는 데 (　　　　　　)도 한몫한다.

3) 여장을 한 다빈치가 (　　　　　　)을 그렸다는 주장도 있다.

4) 작품을 둘러싼 (　　　　　　)가 상상력을 불러일으킨다.

> 클릭!
> 어휘 설명

● **인상적(印象的)** 인상이 강하게 남는 것.

● **의문(疑問)** 의심스럽게 생각함.

● **초상화(肖像畫)** 사람의 얼굴을 중심으로 그린 그림.

콘텐츠 확장하기

▶ 레오나르도 다 빈치에게 궁금한 점이나 하고 싶은 말을 써 보세요.

▶ 관련 검색어로 배경지식을 확장해 보세요.

🔍 레오나르도 다 빈치(Leonardo da Vinci)　　　　🎤 📷

이탈리아의 화가·건축가·조각가였어요. 가난한 집안에서 태어났지만, 천부적인 재능과 노력으로 여러 학문에서 뛰어난 업적을 남겼지요. 세계에서 가장 유명한 그림으로 손꼽히는 「모나리자」뿐만 아니라, 「최후의 만찬」도 다 빈치의 작품이에요. 또한 「비트루비안 맨」이라는 그림은 인간과 우주의 원리를 연결시키려는 그의 철학을 담아낸 작품으로 평가 받고 있답니다.

관련 동영상

팝아트가 뭐예요?

팝콘처럼
팡팡 튀는
팝아트!

예술은 왠지 이해하기 어렵고 지루하다고요? 통통 튀는 강렬한 색깔이 인상적인 팝아트의 세계로 여러분을 초대합니다.

오늘의 키워드   #앤디 워홀

더 보기

　팝아트는 '유명한', '대중적인'이라는 뜻의 단어 'Popular'와 '예술'이라는 뜻을 가진 'Art'가 합쳐진 말이에요. 팝아트는 말 그대로 대중 예술을 의미해요.

　팝아트는 산업화가 진행되어 **대량생산**이 가능해지고 대중매체가 발달하면서 시작되었어요. 이전의 예술은 추상적인 작품이 많거나 접근하기 어려워서 예술을 어렵다고 느끼는 사람이 많았어요. 하지만 팝아트가 등장하면서 누구나 쉽게 예술을 즐기게 되었지요. 유명 팝아트 작가로는 앤디 워홀, 로이 리히텐슈타인 등이 있어요.

　팝아트 작품에는 몇 가지 특징이 있어요. 첫째, 우리가 잘 알고 있는 대중문화를 작품에 활용해요. 팝아트는 사람들이 잘 알고 있는 영화, 만화, 광고 등을 작품에 이용하기 때문에 누구나 쉽게 즐길 수 있어요.

　둘째, 팝아트 작품은 화려한 색과 강한 **윤곽선**을 사용하는 경우가 많아요. 그래서 강렬하게 시선을 끄는 매력이 있답니다.

　셋째, **소비문화**를 주제로 해요. 팝아트는 대중매체에 자주 등장하는 유명인, 캐릭터, 물건 등을 주제로 삼으면서 우리 사회의 소비문화를 되돌아보게 만든답니다.

　팝아트 작품은 미술관에만 머물러 있지 않고 광고, 패션, 인테리어 등 우리 생활 곳곳에 스며들고 있어요. 여러분도 여러분만의 팝아트를 만들어 보세요.

 **콘텐츠 정리하기**

≥클릭!≤
어휘 설명

1 팝아트에 대한 설명으로 옳은 것에는 O, 틀린 것은 X표를 하세요.

1) 팝아트는 대량생산과 대중매체가 발달하면서 시작됐다. ☐

2) 앤디 워홀, 로이 리히텐슈타인은 대표적인 추상화가이다. ☐

3) 팝아트 작품은 화려한 색과 강한 윤곽선이 특징이다. ☐

- **대량생산(大量生産)** 기계를 이용하여 동일한 제품을 대량으로 만들어 내는 일.

- **윤곽선(輪廓線)** 사물의 테두리를 잇는 선.

- **소비문화(消費文化)** 대량 소비와 소비 생활 위주의 가치관을 특징으로 하는 현대 대중 문화.

2 빈칸에 알맞은 어휘를 연결해 보세요.

> 대량생산, 윤곽선, 소비문화

1) 무분별한 상업 광고는 과도한 ( )를 부추긴다.

2) 라면은 ( )된 식품 가운데 가장 많이 팔렸다.

3) 안개 속에서 건물의 희미한 ( )만 보였다.

콘텐츠 확장하기

▶ 팝아트 작가의 작품을 검색해 보고, 작품 소개 글을 써 보세요.

작가	앤디 워홀 / 키스 해링 / 로이 리히텐슈타인 / 이동기
작품 설명	

▶ 관련 검색어로 배경지식을 확장해 보세요.

🔍 **앤디 워홀**(Andrew Warhola Jr.) 🎤 📷

미국의 화가이자 영화 제작자예요. 만화, 사진을 이용해 예술 작품을 만들었지요. 판에다 물감을 묻혀 여러 장을 찍어낼 수 있는 실크 스크린 기법을 활용해 작품 활동을 했어요. 대표작으로는 「캠벨수프 캔」, 「마릴린 먼로」 등이 있어요.

관련 동영상

1장 과학·기술

1 1) X   2) X   3) O

2

서기 62년	서기 79년	1592년 이후 ~오늘날
커다란 지진으로 학자들이 베수비오 화산 폭발을 경고했다.	축제의 날, 베수비오 화산이 폭발해 도시를 덮쳤다.	수로 공사를 하던 중 우연히 유적이 발견되어 발굴이 진행 중이다.

1 마른나무흰개미로 인한 피해를 소개하는 내용

2 1) O   2) X   3) O

1 1) 위치, 전략   2) 유용

2 1) 보조   2) 강화   3) 근력   4) 진화

1 정보, 알고리듬

2 1) 실시간   2) 콘텐츠   3) 데이터

    4) 상호작용

1 오목거울, 볼록렌즈

2 사용 전: 땔감을 구하다가 야생동물이나 범죄에 희생당했다.

    사용 후: 안전하고 편리하게 음식을 조리할 수 있다.

3

1) 석탄, 석유 등의 지하자원을 ( )라고 한다.	벌목
2) 집을 짓기 위해 나무를 ( )했다.	특허
3) 선진국보다 ( )의 출생률이 높다.	개발도상국
4) 노벨의 다이너마이트는 ( )를 받았다.	화석연료

1 동식물의 생존이 큰 위협을 받는다.

2 1) O   2) O   3) O

1 1) X   2) O

2 1) 탐사   2) 주도   3) 무중력

1 1) X   2) X   3) O

2 1) 대기   2) 물   3) 적당한 온도

1 1) 증강 현실   2) 가상현실

    3) 라이프로깅   4) 거울 세계

2

1) 증강 현실	일상 브이로그를 유튜브에 올렸다.
2) 가상현실	구글 안경을 쓰고 사물을 보면 사물에 대한 정보가 함께 보인다.
3) 라이프로깅	인터넷 지도를 보고 약속 장소를 찾아갔다.
4) 거울 세계	친구와 게임에 접속해서 캐릭터로 게임을 했다.

10 콘텐츠 정리하기 · · · · · · · · · · · · · · · 33

1 수국 꽃의 색이 변덕스러운 도깨비를 닮아서

2 1) O   2) X   3) O

11 콘텐츠 정리하기 · · · · · · · · · · · · · · 35

1 1) O   2) O   3) O

2 1) 체계적   2) 조합   3) 방대

12 콘텐츠 정리하기 · · · · · · · · · · · · · · · 37

1 1) X   2) O   3) O

2 1) 무단   2) 보완   3) 보안   4) 대개

13 콘텐츠 정리하기 · · · · · · · · · · · · · · · 39

1 1) X   2) O   3) O

2

1) 조리	공장을 전부 ( )했다.
2) 자동화	전자저울로 설탕의 양을 정확하게 ( )했다.
3) 계량	같은 재료로 ( )해도 맛이 다르다.

14 콘텐츠 정리하기 · · · · · · · · · · · · · · 41

1 세차게 분출되는 가스의 추진력으로 날아감.

2 1) 추진력   2) 분출   3) 위력   4) 독자

15 콘텐츠 정리하기 · · · · · · · · · · · · · · · 43

1 1) O   2) O   3) X

2

1) 편집	인간의 ( )은 동등하게 지켜져야 한다.
2) 알레르기	친구들과 찍은 영상을 ( )해서 유튜브에 올렸다.
3) 존엄성	복숭아 ( )가 있어 복숭아를 못 먹는다.

16 콘텐츠 정리하기 · · · · · · · · · · · · · · · 45

1 장점: 적은 원료를 이용해 전기에너지를 만들 수 있다.

단점: 방사성폐기물에 독성이 있으며, 노출된 사람은 구토나 어지럼을 느끼고 심하면 암에 걸릴 수 있다.

2 1) 유출   2) 노출   3) 독성

17 콘텐츠 정리하기 · · · · · · · · · · · · · · · 47

1 ① 축산 폐수가 환경을 오염시킨다.

② 사육 방식이 동물에게 매우 가혹하다.

2 1) 승인   2) 검증   3) 인공적

18 콘텐츠 정리하기 · · · · · · · · · · · · · · · 49

1 최근 달라진 한반도 지진을 설명한 글

2

국가	건물의 내진 설계 기준을 강화하고 빠른 지진 예측 시스템을 갖춰야 한다.
개인	지진에 관심을 가지고 지진 대피 요령을 익혀야 한다.

19 콘텐츠 정리하기 ·············· 51

1 1) O

2 1) O   2) O   3) X

20 콘텐츠 정리하기 ·············· 53

1 백야: 해가 지지 않아 밤에도 대낮처럼 환한 현상.

극야: 해가 뜨지 않아 아침에도 밤처럼 깜깜한

현상.

2

1) 극지방	해가 ( ) 아래로 떨어지자 어두워졌다.
2) 지평선	햇빛을 차단하기 위해 ( ) 양산을 썼다.
3) 암막	( )에서는 가장 더운 달에도 기온이 10°C정도이다.
4) 경이	과학 기술 발전에 ( )로움이 느껴진다.

2장 사회·역사

01 콘텐츠 정리하기 ·············· 57

1 1) X   2) O

2 1) 율법   2) 경전   3) 혁명

02 콘텐츠 정리하기 ·············· 59

1

의무 휴업일을 도입했던 이유
지역 상권을 살리고 노동자의 휴식권을 보장하기 위해
의무 휴업일을 폐지하는 이유
의무 휴업일의 효과가 생각보다 적고 온라인 유통업의 성장으로 대형 마트 매출액이 줄어서

2 1) 매출액   2) 소상공인   3) 유통

4) 미미

03 콘텐츠 정리하기 ·············· 61

1 무인점포를 이용할 때 양심에 따라 행동하자는 글

2 인건비를 아낄 수 있고 24시간 운영이 가능하다.

3 범죄 대부분 절도지만 피해 금액이 적고 피의자

가 대체로 10대라는 점 때문에

04 콘텐츠 정리하기 ·············· 63

1

긍정적 측면	부정적 측면
범죄를 예방하고 국민에게 경각심을 준다.	가족이 비난받거나 죄가 확정되지 않은 상태에서 노출되는 것은 가혹하다.

2 1) 경각심   2) 여론   3) 측면

05 콘텐츠 정리하기 ·············· 65

1 1) O   2) O   3) X

2 1) 실사화   2) 반발   3) 소수자

06 콘텐츠 정리하기 ·············· 67

1 1) O   2) X   3) X   **2** ③

07 콘텐츠 정리하기 ·············· 69

1 1) O   2) O

2 1) 일화   2) 낭독   3) 대목   4) 청중

08 콘텐츠 정리하기 · · · · · · · · · · · · · · · 71

① 1) O   2) X   3) O

② 1) 개화   2) 냉해   3) 이윤

    4) 집중호우

09 콘텐츠 정리하기 · · · · · · · · · · · · · · · 73

① 여러 강대국이 베를린 회담에서 인위적으로 분

    할했다.

② 1) X   2) O   3) X

10 콘텐츠 정리하기 · · · · · · · · · · · · · · · 75

① 찬성: 노키즈존 설치는 점주의 자유이며, 다른

    손님들은 편하게 식사할 권리가 있다.

    반대: 아이의 입장을 막는 것은 인권 침해이며, 일

    부 사람의 행동을 일반화하는 것은 문제가 있다.

② 1) 감면   2) 배제   3) 친화   4) 일반화

11 콘텐츠 정리하기 · · · · · · · · · · · · · · · 77

① 1) O   2) X

② 1) 악용   2) 표적   3) 권리

12 콘텐츠 정리하기 · · · · · · · · · · · · · · · 79

① 1) X   2) O   3) O

② 1) 면적   2) 산업   3) 인구

13 콘텐츠 정리하기 · · · · · · · · · · · · · · · 81

① 1) X   2) O   3) X

② 1) 국가   2) 권력   3) 선출

14 콘텐츠 정리하기 · · · · · · · · · · · · · · · 83

① 1) X   2) O

② 1) 혈연   2) 독신   3) 전망   4) 입양

15 콘텐츠 정리하기 · · · · · · · · · · · · · · · 85

① 1) O   2) X

② 1) 가훈   2) 흉년   3) 조달

16 콘텐츠 정리하기 · · · · · · · · · · · · · · · 87

① 어떤 것을 증오하거나 불결하다는 이유로 기피

    하는 감정이다.

② 1) 약자   2) 잣대   3) 규제

17 콘텐츠 정리하기 · · · · · · · · · · · · · · · 89

① 1) O   2) X

② 1) 사적   2) 복원   3) 소실   4) 혐의

18 콘텐츠 정리하기 · · · · · · · · · · · · · · · 91

① 카카오 열매 재배 과정의 문제점을 알리는 글

② 1)열대지방   2) 터전   3) 공정 무역

    4) 경작

19 콘텐츠 정리하기 ···············93

❶ 1) X 2) X

❷ 1) 유망 2) 고유 3) 분석 4) 협력

20 콘텐츠 정리하기 ···············95

❶ 어려움을 만드는 장벽을 없애 모든 사람이 동등

하게 공간을 누릴 수 있도록 만드는 것.

❷ 1) X 2) X 3) O

❸ 1) 혜택 2) 장벽 3) 생소 4) 지향

3장 상식·환경

01 콘텐츠 정리하기 ···············99

❶ 1) O 2) X 3) O

❷ 1) 인식 2) 시행 3) 종량제

02 콘텐츠 정리하기 ···············101

❶ 1) X 2) X 3) O

❷ 1) 유기 2) 구조 3) 동물등록제

03 콘텐츠 정리하기 ···············103

❶ 변질되었거나 버려야 하는 약품.

❷ 1) 식수원 2) 항생제 3) 주범

4) 매립

04 콘텐츠 정리하기 ···············105

❶ 우리나라 황사 피해를 줄이기 위해 몽골 사막에

나무를 심었다는 내용

❷ 1) X 2) O 3) X 4) O

05 콘텐츠 정리하기 ···············107

❶ 1) O 2) X 3) X

❷ 1) 내향형 2) 이분법 3) 채용

06 콘텐츠 정리하기 ···············109

❶ 어스 아워 하는 날: 매년 3월 마지막 주 토요일

어스 아워 목적: 기후 위기를 알리고 이산화탄소

배출을 줄이기 위해서

❷ 1) 총량 2) 동참 3) 캠페인

4) 효과

07 콘텐츠 정리하기 ···············111

❶ 캠핑 인구가 늘게 된 이유와 캠핑의 매력을 설

명한 글

❷ 1) 해소 2) 한적 3) 소규모

4) 매력

08 콘텐츠 정리하기 ···············113

❶ 플라스틱으로 인한 여러 가지 피해를 알리는 내

용

❷ 첫째: 해양오염의 원인 중 하나다.

둘째: 대기를 오염시켜 기후변화를 유발한다.

셋째: 인간이나 동물이 먹게 된다.

09 콘텐츠 정리하기 · · · · · · · · · · · · · 115

1 1) X   3) O

2 1) 납부   2) 발효   3) 선별   4) 규격

10 콘텐츠 정리하기 · · · · · · · · · · · · · 117

1 1) O   2) O

2 1) 의혹   2) 경과   3) 억제

11 콘텐츠 정리하기 · · · · · · · · · · · · · 119

1 1) X   2) O

2 1) 현대사회   2) 고정관념   3) 취지

    4) 향상

12 콘텐츠 정리하기 · · · · · · · · · · · · · 121

1 1) X   3) O

2 1) 분해   2) 고체   3) 액체

13 콘텐츠 정리하기 · · · · · · · · · · · · · 123

1 반려동물을 키우는 사람이나 반려동물을 대할 때 지켜야 할 예의.

2

반려동물 주인이 지켜야 할 펫티켓
• 목줄을 착용시켜야 한다. • 반려동물의 배설물을 치워야 한다. • 이름과 정보가 적힌 인식표를 착용시킨다.

반려동물을 마주쳤을 때 펫티켓
• 함부로 만지거나 음식을 주지 않는다. • 반려동물에게 갑자기 다가가지 않는다. • 반려동물에게 소리 지르지 않는다.

14 콘텐츠 정리하기 · · · · · · · · · · · · · 125

1

장점	① 이익을 얻을 수 있다. ② 환경을 보호하는 데 도움이 된다.
단점	① 제품 상태가 불확실하다. ② 중고 거래 사기를 당할 수 있다.

2 1) 이익   2) 물품   3) 거래   4) 불문

15 콘텐츠 정리하기 · · · · · · · · · · · · · 127

1 마라탕을 먹고 후식으로 탕후루를 먹는다는 뜻.

2 1) 섭취   2) 혈당   3) 향신료

16 콘텐츠 정리하기 · · · · · · · · · · · · · 129

1 전기에너지 아끼는 방법을 설명한 글

2 1) X   2) O   3) O

17 콘텐츠 정리하기 · · · · · · · · · · · · · 131

1 1) X   2) X

2 1) 상징   2) 도리어   3) 애용

    4) 악영향

18 콘텐츠 정리하기 · · · · · · · · · · · · · 133

1 1) X   2) O

2 1) 서식지   2) 습성   3) 익충   4) 혐오감

4장 문화·예술

11 콘텐츠 정리하기 · · · · · · · · · · · · · · · 161

① 1) O   2) X

② 1) 물살   2) 저항   3) 물갈퀴   4) 신장

12 콘텐츠 정리하기 · · · · · · · · · · · · · · · 163

① 1) O   2) O

② 1) 몰두   2) 화답   3) 선율   4) 관객

13 콘텐츠 정리하기 · · · · · · · · · · · · · · · 165

① 1) X   2) O

② 1) 행렬   2) 폭주   3) 유언   4) 기여

14 콘텐츠 정리하기 · · · · · · · · · · · · · · · 167

① 1) 참신함, 기발함   2) 챗지피티

② 1) 공모   2) 참신   3) 응모

15 콘텐츠 정리하기 · · · · · · · · · · · · · · · 169

① 1) X   2) X

② 1) 폭력성   2) 전략   3) 채택   4) 계급

16 콘텐츠 정리하기 · · · · · · · · · · · · · · · 171

① 인플루언서가 무엇인지에 대해 설명하는 글

② 1) 영향력   2) 공유   3) 매체   4) 몰입

17 콘텐츠 정리하기 · · · · · · · · · · · · · · · 173

① 중세 시대 빌런: 가난해서 도둑질을 했던 농부.

　　이야기 속 빌런: 주인공을 돋보이게 하는 악역.

일상 속 빌런: 괴짜이거나 민폐 행동을 끼치는

사람.

② 1) 민폐   2) 괴짜   3) 유래

18 콘텐츠 정리하기 · · · · · · · · · · · · · · · 175

① K-푸드가 인기를 끈 이유를 설명하는 글

② 1) 열광   2) 다채롭다   3) 정보

　　4) 품절

19 콘텐츠 정리하기 · · · · · · · · · · · · · · · 177

① 1) X   2) X   3) O

② 1) 박물관   2) 배경   3) 본인

　　4) 미스터리

20 콘텐츠 정리하기 · · · · · · · · · · · · · · · 179

① 1) O   2) X   3) O

② 1) 소비문화   2) 대량생산   3) 윤곽선

미디어 바다에서 문해력 건지는 법
유튜브 읽어 주는 선생님

초판 1쇄 발행 2024년 11월 11일

지은이 김도연
펴낸이 김영조
편집 김시연 ㅣ **디자인** 정지연 ㅣ **마케팅** 김민수, 조애리 ㅣ **제작** 김경묵
경영지원 정은진 ㅣ **외부스태프** 디자인 디자인 레브 ㅣ **사진** 셔터스톡
펴낸곳 싸이클 ㅣ **주소** 서울시 마포구 양화로 7길 44, 3층
전화 (02)335-0385 ㅣ **팩스** (02)335-0397
이메일 cypressbook1@naver.com ㅣ **홈페이지** www.cypressbook.co.kr
블로그 blog.naver.com/cypressbook1 ㅣ **포스트** post.naver.com/cypressbook1
인스타그램 싸이프레스 @cypress_book ㅣ 싸이클 @cycle_book
출판등록 2009년 11월 3일 제2010-000105호

ISBN 979-11-6032-238-5   63700